Leichter lernen
mit dem inneren Schweinehund

Marco von Münchhausen ist Trainer, Berater, Autor mehrerer Bestseller und zweifacher Vater. Seit Jahren schult er Schüler, Eltern und Lehrer in Lernmotivation, Lerntechniken und Gedächtnistraining. Er gilt als ausgewiesener Experte zu Fragen des Selbstmanagements, insbesondere wie man mit mehr Spaß und Freude seine Ziele erreichen kann. Mit seinen Büchern hat er schon vielen Menschen geholfen, ihren inneren Schweinehund zu zähmen, ja sogar zum besten Freund zu machen.

Zusammen mit seiner Tochter *Noreen*, 16, hat er in seinem Buch Locker bleiben mit dem inneren Schweinehund (Campus 2009) jungen Lesern gezeigt, wie sie Eltern-, Schul- und Alltagsstress locker in den Griff bekommen können. Noreen kennt die Sabotagetricks der Schweinehunde aus eigener Erfahrung und hat ihren Vater auch bei diesem Buch wieder unterstützt.

Marco von Münchhausen
mit Noreen von Münchhausen

Leichter lernen mit dem inneren Schweinehund

Clevere Tipps gegen Stress in der Schule

Illustrationen von
Gisela Aulfes

Campus Verlag
Frankfurt/New York

Bibliografische Information der Deutschen Nationalbibliothek.
Die Deutsche Nationalbibliothek verzeichnet diese Publikation in der
Deutschen Nationalbibliografie. Detaillierte bibliografische Daten
sind im Internet unter http://dnb.d-nb.de abrufbar.
ISBN 978-3-593-38843-4

Copyright © 2010 Campus Verlag GmbH, Frankfurt am Main
Umschlaggestaltung: Guido Klütsch, Köln
Umschlagmotiv und Illustrationen: © Gisela Aulfes, München
Zeichnungen Merktechniken (Anhang): wbworks.de
Tests (Anhang): © youngworld-Institut für Begabungsanalyse /
Thomas von Krafft
Satz: Campus Verlag, Frankfurt am Main
Druck und Bindung: Freiburger Graphische Betriebe
Gedruckt auf Papier aus zertifizierten Rohstoffen (FSC / PEFC).
Printed in Germany

Besuchen Sie uns im Internet: www.campus.de

Inhalt

Einleitung

Schule – es gibt wohl kaum jemanden, der da nicht ins allgemeine Stöhnen einfällt. »Wozu soll ich das denn überhaupt lernen, das braucht doch eh kein Mensch!« – »Bei dem Lehrer kriegt man nie was besseres als eine Drei, da brauch ich mich überhaupt nicht erst anzustrengen.« – »Die Vokabeln krieg ich nie in meinen Kopf, ich kann mir das einfach nicht merken!« Ach ja, wenn nur die Noten nicht wären, es keine Lehrer gäbe oder wenigstens das Lernen leichter gehen würde.

Nun, die Schule können wir dir leider nicht ersparen, und auch das Abschaffen von Noten oder Lehrern dürfte wohl ein Traum bleiben. Aber was das Lernen angeht, so können wir dir in diesem Buch einige tolle Tipps geben, wie du es dir in der Tat einfacher machen und dabei sogar noch mehr Spaß haben kannst.

Hast du schon mal vom inneren Schweinehund gehört? In unserem Buch *Locker bleiben mit dem inneren Schweinehund* haben wir davon berichtet, was dieser kleine Störenfried so alles in unserem Leben anstellt und wo er uns immer wieder unsere Pläne durchkreuzt. Natürlich ist dieser »innere Schweinehund« kein echtes Tier, das in deinem Inneren sitzt, sondern er ist ein Bild, das wir verwenden, wenn wir über menschliches Verhalten sprechen. Denn wir alle kennen diesen Zustand, wenn wir etwas Unangenehmes nicht machen möchten, uns vor etwas Neuem, das uns ein bisschen Angst macht, scheuen oder wenn wir uns vor Aufgaben oder Anstrengungen wie Sport treiben, Zimmer aufräumen oder eben lernen drücken wollen.

Indem wir diesem Zustand einen Namen geben, verstehen wir leichter, warum wir uns so verhalten. Deshalb stellen wir uns den inneren Schweinehund als ein reales Wesen vor, mit dem wir reden und das wir beeinflussen können.

Dieser innere Schweinehund tritt also immer dann in Erscheinung, wenn wir uns etwas vorgenommen haben, wenn wir etwas ändern wollen oder wenn uns etwas Anstrengendes bevorsteht. Das alles hat er nämlich gar nicht gern. Er will es sich viel lieber bequem machen, immer den leichtesten Weg wählen, Spaß haben und sich bloß nicht anstrengen. Du kannst dir vorstellen, dass Lernen daher natürlich ganz oben auf seiner Liste der Tätigkeiten steht, die es unbedingt zu vermeiden gilt. Deshalb versucht er mit allen Mitteln, dich vom Lernen abzuhalten, und sabotiert deine Bemühungen, wo er nur kann.

Aber warum tut er das? Hat er etwas gegen dich, dass er dir auch noch ständig das Leben schwer machen muss? Hat die Natur da Mist gebaut, dass sie uns Menschen so einen Saboteur mitgegeben hat? Tatsächlich ist der innere Schweinehund nicht nur schlecht für dich, er hat auch seine guten Seiten: Er passt nämlich auf dich auf. Er will, dass es dir gut geht, dass du dich nicht überanstrengst, nichts Unüberlegtes oder Gefährliches tust und dass du Spaß am Leben hast.

Deswegen flüstert er dir hundert Ausreden ein, wenn du eigentlich dein Zimmer aufräumen müsstest, und schiebt dir eine Ablenkung nach der anderen zu, während du versuchst, für die Mathearbeit zu lernen. Das Problem ist allerdings, dass die »Gefahr«, vor der dein Schweinehund dich eigentlich beschützen will, also zum Beispiel Mathelernen, nicht schon dadurch verschwindet, dass du dich ablenken lässt und das Lernen aufschiebst. Die Mathearbeit rückt nur näher, die Zeit, die dir noch zum Lernen bleibt, wird immer weniger, und dein Schweinehund umso aufgeregter, je mehr das flaue Gefühl in deinem Magen wächst.

Obwohl der Schweinehund also eigentlich etwas Gutes für dich will – du sollst Spaß haben und dich nicht anstrengen –, macht er dir in Wirklichkeit das Leben schwerer und den Stress noch größer. Als ob das Lernen an sich nicht schon Stress genug wäre! Doch das muss nicht sein. Denn mit den richtigen Tipps und Taktiken kannst du den Schweinehund auf deine Seite bringen und in Zukunft mit ihm gemeinsam ans Werk gehen.

In diesem Buch verraten wir dir, wie du zusammen mit deinem inneren Schweinehund Wege finden kannst, wie euch beiden das Lernen leichter fällt und sogar Spaß macht – denn bei Spaß ist der Schweinehund immer dabei! Außerdem erfährst du, wie Lernen eigentlich funktioniert und was man zum richtigen Lernen braucht. Im Anhang findest du dazu neben einigen Merktechniken auch zwei Tests. Mit ihrer Hilfe kannst du testen, wie gut du dich konzentrieren kannst und wie gut dein Gedächtnis ist. Diese Tests kannst du zum Schluss machen, wenn du das Buch gelesen hast, oder auch gleich zu Anfang, wenn du möchtest. Du kannst auch beides tun (dann kopier dir die Seiten am besten vorher) und deine Ergebnisse vergleichen – dann siehst du gleich, ob dir die Tipps aus diesem Buch schon ein bisschen geholfen haben.

Also: Mach's dir bequem, setz dir deinen Schweinehund auf den Schoß und dann: »Viel Spaß beim Lesen!«

1. Lernmotivation
Von Kicks und Karotten

Schon seit der Grundschule sind Jan und Dominik unzertrennliche Freunde. Kaum ein Wochenende, das sie nicht miteinander verbringen, kaum ein Streich, den sie nicht gemeinsam ausgeheckt haben, kaum ein Geheimnis, das sie nicht teilen. Dabei haben sie ziemlich unterschiedliche Interessen: Jan ist leidenschaftlicher Sportler und Fußballer. Er ist Stürmer in der D-Jugend des FC Treutlingen und trainiert bei jedem Wind und Wetter. Niemand bringt so viel Einsatz im Spiel wie er, geht so viele Risiken ein. Er scheut keinen Zweikampf und hat schon etliche Prellungen und Verstauchungen eingesteckt, ohne zu jammern. In der Schule ist sein Einsatz dagegen eher lahm: Mit Lernen hat er nicht sehr viel am Hut, und Mathe ist für ihn eine wahre Katastrophe. Gerade das ist Dominiks Leidenschaft. Zum Sport würde ihn nichts auf der Welt bewegen können, aber Mathe und Physik sind für ihn einfach faszinierend. Er hat sogar schon einige Wettbewerbe gewonnen. Die Hausaufgaben in diesen Fächern erledigt er in Windeseile, und die Eins im Zeugnis steht praktisch immer schon fest. So eng die Freundschaft zwischen Jan und Dominik auch ist, lange Zeit konnten sie nicht verstehen, was der eine so toll am Fußball und der andere so großartig an Mathe finden kann.

»Fußball«, jault Dominiks Schweinehund regelmäßig, wenn er auch nur einen von Weitem wittert, »nee, das ist nix für uns! Wir sind viel zu langsam, die anderen sind alle besser, den Ball treffen wir eh nicht oder er fliegt nicht dahin, wo er soll, dann meckern oder lachen die anderen immer! Das alles am besten noch bei schlechtem Wetter. Da lassen wir uns lieber alle möglichen Ausreden einfallen, Hauptsache, wir müssen nicht raus auf den Rasen! Mathe dagegen – ja, da ist mein Dominik immer der schnellste von allen, sogar die kniffligen Bonusaufgaben kriegt er jedes Mal raus!«

Jans Schweinehund dagegen würde jede Gelegenheit nutzen, seinem Herrchen das geliebte Fußballspielen zu ermöglichen. »Fußball ist doch das Allerbeste und macht so viel Spaß! Aber Mathe? Wenn ich nur daran denke, will ich nix wie weg. Das kann doch keiner aushalten. Die ganzen Zahlen und Formeln. Null Durchblick. Stunden' am Tisch sitzen, immer falsche Lösungen und schlechte Noten. Das werde ich meinem Jan nicht antun. Da finden wir schon Auswege, um drum herumzukommen.«

Vielleicht kennst du auch zwei solche Freunde wie Jan und Dominik? Sie sind gleich alt, hängen ständig zusammen, verstehen sich bestens – bis auf ihre liebsten Hobbys. Was der eine mit Begeisterung macht, ruft bei dem anderen nur verständnisloses Kopfschütteln hervor. Aber ist dir noch etwas aufgefallen? Für beide gilt: Was ihnen nicht liegt, darauf haben sie keine Lust. Doch auf dem Gebiet, das ihnen Spaß macht, wo sie motiviert sind, da geben sie Gas und bringen vollen Einsatz. Woran liegt das wohl? Gehen wir dem Geheimnis ihrer Motivation doch mal auf den Grund.

Motivation scheint für die Menschen seit langer Zeit ein magisches Wort zu sein. Auch beim Lernen spielt Motivation eine große Rolle. Wenn du einfach nicht in der richtigen Stimmung bist, »keinen Bock hast«, dann wird das auch nichts mit dem Lernen. Dann wirst du kaum den Weg zum Schreibtisch finden, und selbst wenn, wird das Ergebnis deiner Anstrengung meist nur ziemlich mager sein. Die Folge? Klar, du bist noch weniger motiviert als vorher und kannst dich beim nächsten Mal noch schwerer aufraffen. So wie Dominik beim Fußball und Jan in Mathe.

Heißt das also jetzt, dass du alle Fächer abschreiben kannst, in denen dir das Lernen schwerfällt, weil du keine Motivation hast? »Latein macht mir keinen Spaß, da kann ich mich eben auch nicht motivieren. Ist halt so.« Dumm gelaufen? Von wegen! Dieses Lügenmärchen tischt dir dein Schweinehund gerne auf, weil er glaubt, euch beiden so mal wieder Arbeit und Anstrengung ersparen zu können. Aber es ist natürlich kein »Schicksal«, ob du motiviert bist oder nicht. Du selbst hast es in der Hand, wie motiviert du beim Lernen und in der Schule bist, genauso wie bei einem Hobby. Vorausgesetzt, du kennst die wichtigsten Motivationsfaktoren.

Sehen wir uns die zunächst einmal etwas genauer an.

Carolin und Sven waren alte Sandkastenfreunde. Inzwischen gingen sie aufs Gymnasium. Sie waren beide immer gut in der Schule gewesen, aber nun in der 6. Klasse merkten sie doch, dass sie deutlich mehr für ihre guten Noten tun mussten als früher. Ihre Eltern hatten da so ihre eigenen Methoden entwickelt, um sie zum Lernen zu motivieren.

Bei Carolin lief alles über Druck. Ihre Mutter hatte einen ganz genauen Lernplan ausgearbeitet, für den der Tag eigentlich 28 Stunden benötigt hätte. Nach der Schule und dem Mittagessen ging es sofort mit den Hausaufgaben weiter, danach Musikunterricht oder Sport, dann noch einmal Lernen, und selbst das Wochenende war mit Lernen verplant. Carolin hatte sich längst mit diesem System abgefunden. Ihre Eltern wurden nämlich ziemlich sauer, wenn es mal statt einer Eins oder einer Zwei nur eine Drei gab. Dann durfte Carolin jedes Mal drei Wochen lang auf keine Party, und Fernsehen und Internet waren auch gestrichen. Ihr innerer Schweinehund hatte längst resigniert – meist raunzte er ihr nur zu: »Komm, zieh' das irgendwie durch, niemand hat behauptet, dass Lernen Spaß machen muss.«

Bei Sven sah die Sache ein bisschen anders aus: Er lernte meist ganz gern. Das lag vor allem an dem Prämiensystem, das Svens Vater eingeführt hatte: Für jede Eins in einem Test oder einer Klassenarbeit gab es 10 Euro, für eine Zwei 5 Euro und bei einer Drei immerhin noch 2 Euro. Bei den Zeugnissen wurden die Beträge sogar noch verdoppelt. Sven hatte sich auf diese Weise schon eine nette Summe »zusammengelernt« und konnte sich daher manches leisten, was bei seinen Mitschülern ganz gut Eindruck machte. Dachte Sven beim Lernen an die in Aussicht stehende Belohnung, fiel ihm die Paukerei gleich viel leichter, ja, sie machte sogar richtig Spaß. In letzter Zeit allerdings ertappte er sich immer öfter bei dem Gedanken, dass er dringend mal mit seinem Vater über eine Erhöhung des Belohnungstarifs reden müsste. Schließlich wurde alles teurer, mit dem Alter stiegen die Ansprüche, und der Schulstoff wurde auch immer schwerer. Sein Schweinehund bestätigte ihn in dieser Haltung: »Wenn du was leisten sollst, dann musst du auch richtig was dafür bekommen. Lass dich nicht zu billig abspeisen!«

K. I. T. A. und Karotte

Was Carolins Eltern mit ihrem strengen Plan und Svens Vater mit seinen Belohnungen hier versuchen, machen viele Menschen, die sich und andere motivieren wollen, ganz genauso. Beide Methoden erinnern ein bisschen an die Versuche, einen störrischen Esel zum Laufen zu bringen. Und mit diesem Bild vom Esel kann man sie sich auch ganz gut merken.

Strategie Nr. 1 nennt man **K. I. T. A.**, das ist die Abkürzung für: »kick in the ass«. Wörtlich übersetzt heißt es: »ein Tritt in den Allerwertesten« (o. k., das ist die elternverträgliche Übersetzung). Wenn man nur fest genug tritt, dann bewegt sich der Esel. Mit dieser Methode kann man sich (und auch andere) durchaus eine Zeit lang zum Lernen motivieren.

Du kennst das vielleicht: Wenn im zweiten Schulhalbjahr

ein oder zwei Fächer notentechnisch langsam in den roten Bereich abdriften und vielleicht sogar deine Versetzung in die nächste Klasse gefährdet ist, dann findet sich eine ganze Menge Leute, die den Esel (also dich …) von allen Seiten antreibt: Dein Lehrer droht mit einer Ehrenrunde, deine Eltern mit tausend Strafen, und dir selbst gefällt die Aussicht auf ein Jahr mehr Schule doch auch nicht wirklich. Gegen so viel äußeren Druck kommt selbst dein innerer Schweinehund nicht an. Er, der sonst keine Gelegenheit auslässt, dich von einer Arbeit abzubringen, verzieht sich in dieser Zeit lieber und wartet ab, bis die Lage sich wieder entspannt. Du lernst, allerdings nicht, weil es dir Spaß macht, sondern aus Angst vor Misserfolg und den Konsequenzen. Was dich antreibt, ist dein schlechtes Gewissen. Das funktioniert übrigens nicht nur, wenn es in der Schule gerade mal eng wird. Auch bei vielen guten Schülern spielt der Druck, der von zu Hause kommt oder den sie sich selbst machen, eine entscheidende Rolle.

Diese K. I. T. A.-Methode ist weit verbreitet, aber sie hat zwei entscheidende Nachteile: Du wirst nur wenig Spaß am Lernen haben, wenn du es ständig unter Druck tust. Und sobald der Druck nachlässt, ist auch die Lernmotivation ganz schnell verschwunden.

Die zweite Strategie ist die sogenannte **Karotten-Methode**. Dafür braucht man – klar – zunächst einmal Karotten, und zwar am besten in rauen Mengen. Diese hält man dem Esel vor die Nase, und wenn er nicht völlig abgebrüht ist, wird er sich in Bewegung setzen. Was ihn antreibt, ist die Aussicht auf eine kleine Belohnung, in Form eben jener Karotten.

Dieser Mechanismus funktioniert bei dir genauso, auch wenn du vielleicht nicht unbedingt auf Karotten stehst. Aber mit irgendeiner anderen Art von Belohnung wird man dich sicher auch locken können: Karten fürs Fußballspiel zum Beispiel, einen Zuschuss für die Shoppingtour mit den Freundinnen, eine Stunde länger auf der Party bleiben dürfen oder etwas Ähnliches. Die Aussicht auf diese Belohnungen motiviert dich, eine bestimmte Note oder ein anderes Ziel zu erreichen, und dafür lernst du. Auch dein Schweinehund lässt sich prima mit Karotten bestechen. Die versprochene Belohnung hält ihn still und er lässt dich in Ruhe arbeiten. Gegenüber der K.I.T.A.-Strategie hat diese Methode den entscheidenden Vorteil, dass Karotten nicht wehtun. Anders gesagt: Belohnungen sind angenehmer als Druck. Doch auch diese Methode hat den Nachteil, nicht von Dauer zu sein. Denn irgendwann geht es dir wie Sven in der Geschichte, und du wirst dich nicht mehr mit Karotten zufriedengeben. Mit der Zeit weißt du, wie Karotten schmecken, und für ein halbes Pfund mehr quälst du dich nicht mehr an den Schreibtisch und paukst Vokabeln. Dann müssen es schon vergoldete oder besonders schön verpackte Karotten sein, die Belohnungen müssen also immer größer, interessanter, teurer werden. Auch dein Schweinehund wird unruhig werden und höhere »Bestechungsgelder« verlangen, wenn er weiterhin stillhalten soll. Solange du dich also auf diese Weise motivierst, bist du gewissermaßen vom Nachschub an immer größeren, süßeren und teureren Karotten abhängig. Wenn der ausbleibt, dann fällt auch die Motivation in sich zusammen.

Die »richtigen« Karotten

Es gibt noch eine andere, besondere Art von Karotten, die im Gegensatz zu anderen Belohnungen auch dauerhaft funktioniert: nämlich Lob und Anerkennung. Schon kleine Kinder sind ständig auf der Suche danach und hocherfreut, wenn sie gelobt werden. Das bleibt auch so, wenn wir älter werden. Wir alle möchten hören, dass unsere Leistung gut war, dass andere mit uns zufrieden sind, seien dies nun die Eltern, Lehrer oder Freunde. Als wir klein waren, wollten wir hören, dass die Sandburg toll war, die wir gebaut hatten. Später beflügelt uns der Jubel der Fans beim Fußballtor, und die lobenden Worte der Biolehrerin spornen uns an, noch mehr zu lernen. Und nebenbei lässt sich mit diesen »Lobes-Karotten« jeder noch so träge Schweinehund in Bewegung setzen – und zwar immer und immer wieder!

Deswegen werden deine Eltern und deine Lehrer, wenn sie klug sind, gute Leistungen mit entsprechender Anerkennung würdigen. Und sollten sie dies nicht tun, kannst du sie ruhig mal freundlich darauf hinweisen, dass es dir guttäte, auch mal etwas Positives zu hören – zu Hause sicher leichter als in der Schule.

Am besten ist es übrigens, wenn du dir die verdiente Anerkennung auch selbst geben kannst. Hast du dir vielleicht besonders viel Mühe bei der Erdkunde-Hausaufgabe gegeben? Oder die Englisch-Vokabeln diesmal extra gut geübt? Oder so lange an der Zusatzaufgabe in Mathe geknobelt, bis du sie ganz alleine gelöst hast? Egal, was es ist: Warte nicht, bis jemand anderes dich dafür lobt, sondern lob dich ruhig einfach mal selbst! Klopf dir auf die Schulter, lass deinen Schweinehund dazu Applaus klatschen und »Bravo« rufen. Solche »selbst gezüchteten« Lobes-Karotten frisst dein Schweinehund nämlich mindestens genau so gerne – und du kannst ihm davon zu futtern geben so viel er mag.

Mit dem Schweinehund auf dem Flow-Pfad

Halten wir also fest: K.I.T.A. und Karotte können dich eine Zeit lang dazu bringen zu lernen. Aber echte Lernmotivation wird dabei nicht entstehen. Am Ende besteht die große Gefahr, dass dich der Lernfrust packt.

Es gibt aber noch eine wesentlich wirksamere Variante. Erinnere dich an Jan und Dominik aus der Geschichte am Anfang dieses Kapitels. Sie hatten beide ihre Steckenpferde, und es machte nicht den Anschein, dass sie Mathe oder Fußball nur machen, weil es *von außen* besonders viel Druck oder besonders hohe Belohnungen gab. Das brauchen sie auch nicht, denn wahre Motivation kommt *von innen*, aus dem Spaß an der Sache selbst. Und damit sind wir bei der alles entscheidenden Frage: Was macht eigentlich den Spaß an einer Sache aus? Wenn du das weißt, dann hast du den Schlüssel zur Selbstmotivation in der Hand. So verrückt das auch klingen mag: Dann ist es fast egal, was du tust. Oder anders gesagt: Man kann an fast allem, was man tut, Spaß haben oder Freude empfinden, was auch immer für dich besser passt.

Es gibt in den USA einen Wissenschaftler, der Weltruf erlangt hat, weil er sich dieser Frage hauptberuflich gewidmet hat. Sein Name ist Mihaly Csikszentmihalyi – wir nennen ihn mal der Einfachheit halber kurz Csik. Er hat sich gefragt, woher es wohl kommt, dass Zigtausende von Tennisspielern, Fußballern, Surfern, Bergsteigern, Schachspielern, Musikern und so weiter freiwillig so viel Zeit und Geld investieren, um diesen Tätigkeiten hoch motiviert nachzugehen. Csik wollte unbedingt herausfinden, wie diese Menschen ticken, was in ihnen vorgeht, wenn sie bei ihrer Leidenschaft Vollgas geben. Diesen Zustand, in dem ihnen ihre Tätigkeit ganz leichtfällt und sie dabei auch noch ein tierisch gutes Gefühl haben, nannte er Flow. Doch wie kam es zu diesem Flow? Wie war das möglich – Höchstleistung bringen und dabei ganz locker und gut drauf sein? Csik kam zu einem verblüffenden Ergebnis: Die wichtigste Voraussetzung, damit wir Spaß an einer Sache haben, ist die Herausforderung. Dabei ist eines aber ganz entscheidend: Die Herausforderung selbst darf nämlich im Verhältnis zu unseren Fähigkeiten nicht zu hoch sein.

Diese Erkenntnis kann ich übrigens aus eigener Erfahrung bestätigen. Vor fast 20 Jahren war ich zum Surfen in Griechenland. In einer geschützten Bucht surfte ich mit meinem Brett bei etwa zwei Windstärken. Die Wellen waren nicht zu hoch, der Wind nicht zu stark für mich, und ich hatte viel Spaß. Am dritten Tag aber wurde ich übermütig und beschloss, aus der Bucht hinaus aufs offene Meer zu fahren. Dort wehte eine viel stärkere Brise, die mich schon bald vom Brett warf. Alle Versuche, das Segel wieder hochzuziehen, schlugen fehl. Während ich mich mit meinem Brett abmühte und dabei immer weiter vom Ufer wegtrieb, wurde mir klar, dass ich mit meinen Surfkünsten hier draußen keine Chance hatte: Die Herausforderung war im Verhältnis zu meinen Fähigkeiten viel zu hoch. Ich bekam es mit der Angst zu tun. Zu meinem Glück hatte mich ein Fischer beobachtet. Er zog mich schließlich aus dem Wasser. Ich musste meinem Schweinehund nach diesem Ergebnis lange gut zureden, bis er mich wieder auf ein Surfbrett ließ.

Im gleichen Ferienort lagen damals auch noch ein paar andere Jungen am Strand, die richtig gut surfen konnten. Sie starteten auf ihren Brettern überhaupt erst bei richtig starkem Wind, alles andere wäre für sie viel zu langweilig gewesen, weil die Herausforderung im Verhältnis zu ihren Fähigkeiten viel zu gering gewesen wäre.

Nur, wenn die Herausforderung den eigenen Fähigkeiten entspricht, entsteht der Spaß an der Sache. Dann kommen wir an unsere Grenzen, ohne überfordert zu werden, und können das gute Gefühl erleben, das Csik den »Flow« nennt.

Dieses gute Gefühl hat seinen Ursprung in einem ganz bestimmten Stoff in deinem Kopf, der Dopamin heißt. Unser Körper produziert in bestimmten Situationen sogenannte Botenstoffe, die Hormone – zum Beispiel, wenn wir traurig, glücklich, verliebt oder gestresst sind. Dopamin ist so ein Botenstoff. Es ist ein richtiges Wundermittel. Der Körper erzeugt es jedes Mal, wenn unser Gehirn eine Aufgabe bekommt, die uns weder über- noch unterfordert. Wir haben Spaß an der Aufgabe und fühlen uns gut dabei. Außerdem unterstützt uns Dopamin auch noch beim Lernen. Es spielt nämlich eine entscheidende Rolle bei der Übertragung von Informationen aus dem Kurzzeit- ins Langzeitgedächtnis (dazu erfährst du mehr in Kapitel 3). Dopamin steigert die Neugierde und weckt die Fantasie, stärkt Selbstvertrauen und Optimismus, motiviert und macht Lust auf mehr. Kurz gesagt: Dopamin sorgt dafür, dass wir »leichter lernen« können. Es ist also das ideale Schmiermittel für die Gehirnzellen.

Wenn du eine Aufgabe schließlich gemeistert hast, beschert dir der Erfolg häufig auch noch ein echtes Glücksgefühl, bei dem im Gehirn ein weiterer Botenstoff, das Endorphin, ausgeschüttet wird. Dies passiert zum Beispiel, wenn du dich über eine gute Note freust, beim Fußball ein Tor geschossen oder im Schach gewonnen hast. Zwar ist dieses Glücksgefühl leider nicht von langer Dauer. Aber das Gehirn merkt sich den Kick, den erfolgreiches Lernen auslöst. Es speichert den Zusammenhang zwischen Lernen und guten Gefühlen und will den Erfolg wiederholen. Von diesen »körpereigenen Drogen« können wir gar nicht genug bekommen, und das Schöne an ihnen ist: Sie haben keine schädlichen Nebenwirkungen.

Feine Sache also, so ein Gehirn-Doping. Immer, wenn dir etwas Spaß macht, dich im richtigen Maß fordert und du Erfolg hast, bist du motiviert, und je besser du dich fühlst,

Motivations-Check:

● Was macht mir Spaß?

Schule:
....

....

Privat:
....

....

● Was finde ich anstrengend oder frustrierend?

Schule:
....

....

Privat:
....

....

● Was finde ich langweilig oder sinnlos?

Schule:
....

....

Privat:
....

....

desto leichter fällt es dir auch noch. »Kein Problem«, denkst du dir jetzt vielleicht, »wenn mir etwas sowieso schon Spaß macht.« Aber was ist nun mit den Schulfächern, in denen du dich gerade nicht motivieren kannst und eine tüchtige Dosis Dopamin wirklich dringend gebrauchen könntest? Wo dein Schweinehund von vornherein schon quiekt: »Das liegt dir einfach nicht, lass es doch lieber gleich bleiben!«? Wie schaffst du es, dich zu etwas zu motivieren, an dem du grundsätzlich erst mal wenig Spaß hast?

Wie Csik ganz richtig festgestellt hat, sind sowohl Überforderung als auch Unterforderung die Motivationskiller Nr. 1. Und das gilt für Hobbys und Sportarten ganz genauso wie für den Schulalltag. Auf Seite 22 siehst du einen Motivations-Check. Nimm dir einen Stift und ein paar Minuten Zeit und überlege einmal, warum dir manche Sachen Spaß machen und andere nicht. Und warum dir bestimmte Schulfächer Spaß machen – und dir beim bloßen Gedanken an andere schon der Schweiß ausbricht.

Könnte es sein, dass du dich bei manchen Dingen, die du anstrengend und blöd findest und die du vermeiden willst, oft einfach überfordert fühlst? Du sitzt da wie vor einem Puzzle mit 10 000 Teilen, die alle gleich aussehen, und du hast nicht einmal eine Vorlage davon, was das fertige Bild sein soll. Das kann doch niemandem Spaß machen! Da ruft dein Schweinehund zu Recht: »Nichts wie weg!« und serviert seine besten Vermeidungsstrategien auf dem Silbertablett. Andere Aufgaben dagegen langweilen dich vielleicht ganz einfach deswegen, weil sie dich unterfordern. Das Puzzle mit 10 000 Teilen mag eine zu harte Nuss für dich sein, umgekehrt würdest du dich aber an ein Kinderpuzzle mit 50 Teilen doch gar nicht erst dransetzen wollen, weil das natürlich viel zu leicht für dich wäre. Es zu lösen, wäre keinerlei Herausforderung für dich. Ist doch klar, dass du darauf auch keine Lust hast.

Wenn du nun in dem einen oder anderen Fach Schwierigkeiten hast, dich zum Lernen zu motivieren und dir das Lernen dadurch furchtbar schwerfällt, dann kann das daran liegen, dass dich dieses Fach entweder unterfordert oder überfordert. Vielleicht fehlen dir wichtige Grundlagen in einem Fach, du hast im Unterricht etwas verpasst oder nicht verstanden, ohne es zu merken, und kannst dadurch nun dem neuen Stoff nicht mehr folgen. Oder es liegt daran, dass du vielleicht einen Wissensvorsprung hast, dass dir etwas leichtfällt oder du schon mehr kannst, als im Unterricht verlangt wird. Dies alles kann jedenfalls dazu führen, dass du nicht »in den Flow« kommst und dir die Motivation fehlt. Dagegen kannst du aber etwas tun, indem du es dir leichter oder interessanter machst:

Leichter machen: Ist der Stoff für dich zu schwer, fühlst du dich überfordert, fehlt dir der Durchblick und kommst du einfach mit dem Fach nicht klar – dann versuche, es dir leichter zu machen. Und das geht so: Plane dir für dieses Fach mehr Zeit zum Lernen ein. Teile dir die Aufgaben wenn möglich in kleinere Einheiten auf, die du schneller bewältigen kannst. Vor allem aber: Hol dir Unterstützung.

Vielleicht kann dir ein Freund oder eine Freundin helfen, die in diesem Fach gut sind. Du kannst auch deine Eltern fragen, ob sie dich unterstützen können. Wenn das nicht geht, dann versuch es ruhig einmal mit einem Nachhilfelehrer. Der kann zum Beispiel gezielt helfen, wenn du Lücken im Lernstoff hast, oder Zusammenhänge noch einmal ausführlicher erklären. So können schon ein paar Nachhilfestunden manchmal ausreichen, damit du den Stoff wieder in den Griff kriegst und wieder selbst im Unterricht folgen kannst. Entscheidend ist, dass du das Gefühl bekommst, dass du das Fach »packen« kannst und die Zusammenhänge verstehst. Denn nur dann wird auch dein innerer Schweinehund mitmachen. Solange uns etwas unmöglich vorkommt, wird unser innerer Schweinehund alle Register ziehen, diesem scheinbar unüberwindlichen Hindernis auszuweichen und uns von unserem Vorhaben abzuhalten. Man könnte fast sagen: Die wichtigste Voraussetzung, um gut zu lernen, ist das Gefühl, dass es machbar ist. Und jedes Mittel, das dich dabei unterstützt, ist gut.

Interessanter machen: Wenn dir der Stoff zu langweilig ist, wenn dich ein Fach überhaupt nicht reizt und du einfach keinen Zugang findest, dann suche nach einem Weg, das Ganze interessanter zu gestalten. Eine Möglichkeit wäre zum Beispiel, deinen Lehrer zu bitten, dir schwierigere Matheaufgaben zu geben. Du könntest es auch mit Knobelaufgaben versuchen oder schauen, ob es bei dir in der Gegend vielleicht einen Matheklub gibt.

Wenn dein Problem bei Sprachen liegt, dann versuch vielleicht mal, Bücher auf Englisch oder auf Französisch zu lesen, Filme oder DVDs in der Originalsprache zu gucken oder einen ausländischen Radiosender zu hören (einige findest du zum Beispiel kostenlos im Internet). Du könntest auch die Texte deiner Lieblingsband übersetzen. Oder mal einen Nachmittag lang mit deinen Freunden beim Shoppen oder Fußballspielen nur Englisch reden.

Wirst du mit Naturwissenschaften einfach nicht warm, dann kann womöglich ein Besuch in einem interaktiven Museum oder Science Park ein spannendes Erlebnis sein.

Vielleicht kannst du ja auch anderen Nachhilfe in diesem Fach geben? In manchen Fächern oder Wissensgebieten gibt es sogar Wettbewerbe, an denen du teilnehmen kannst.

Sophie kam mit Physik einfach nicht klar, schon von Anfang an nicht. Gleich die erste Klassenarbeit ging voll daneben, und wenn sie ausgefragt wurde, fiel ihr erst recht nichts mehr ein. Mit der Zeit wurde es immer schlimmer, Physik wurde zum richtigen »Angst-Fach«. Beim bloßen Gedanken an die nächste Physikstunde bekam sie Magenkrämpfe, und ihr innerer Schweinehund stöhnte immer schon verzweifelt auf, wenn er das Physikbuch nur von Weitem sah.

Als sie sich darüber mal bei ihrer Freundin Jule ausweinte, meinte diese: »Du, komm doch einfach mal mit zu Robo. Der beste Nachhilfelehrer weit und breit! Bei dem wird Physik so leicht und verständlich, das macht dann sogar Spaß!«

»Naja, Spaß?« Sophie war sehr skeptisch. »Das kann ich mir echt nicht vorstellen. Aber o.k., mir genügt schon, dass ich's irgendwie kapiere.«

Und tatsächlich: Schon nach ein paar Stunden Nachhilfe blickte Sophie in Physik zum ersten Mal richtig durch. Die Panik, das Gefühl, kein Bein auf den Boden zu bekommen, war verschwunden. Sie konnte dem Unterricht nun viel besser folgen und fand den Stoff sogar manchmal richtig interessant. Inzwischen war ihr auch viel klarer geworden, wozu der ganze Physik-Stoff eigentlich gut sein sollte – da waren Robos verrückte Experimente, die er ihnen gezeigt hatte, eine tolle Hilfe gewesen!

Verblüfft stellte sie fest, dass Physikstunden ihr nun viel kürzer vorkamen als früher – und dass es tatsächlich anfing, ihr ein bisschen Spaß zu machen.

Ein klares Ziel zieht an

Kennst du diese Tage, an denen du morgens aufwachst und dich ganz entgegen deiner sonstigen Langschläfergewohnheiten nichts mehr im Bett hält? Schon um 7 Uhr stehst du fix und fertig in den Startlöchern und brennst darauf loszulegen. Das sind die Tage, auf die du dich schon ewig lange gefreut hast: endlich die langersehnte Radtour mit deinem Vater, endlich mit den Freundinnen zum Shoppen in die Stadt, endlich in den großen Ferien ans Meer, endlich zum Fußballderby. Seit Wochen hast du diesen Moment immer wieder vor Augen gehabt, ihn dir zigmal vorgestellt. Jetzt, wo dein lang gehegter Traum wahr wird, kommt es dir fast so vor, als ob du ihn schon erlebt hast. Keine Sekunde lang ist es dir schwergefallen, aus den Federn zu kommen.

Ganz anders läuft es wahrscheinlich an den ganz normalen Schultagen: Deine Mutter hat dich schon achtmal geweckt, aber heute treibt dich wirklich nichts aus den Federn. Ein Gefühl bleierner Schwere macht sich breit – wozu auch aufstehen, wenn doch nur die Schule auf dich wartet?

Beide Situationen kennst du möglicherweise sehr gut – aber worin genau unterscheiden sie sich? »Na ja«, denkst du dir jetzt vielleicht, »in der ersten Variante weiß ich natürlich, wofür ich aufstehe, da habe ich ein klares Ziel. Bei der Schule ist das anders.« Damit hast du auch schon den entscheidenden Punkt erkannt: Es gibt kaum etwas, das so viel Motivationskraft entfaltet wie ein klares Ziel! Je konkreter du ein Ziel vor Augen hast, je klarer und bunter du es dir vorstellst, desto mehr Sog entwickelt es.

Mal angenommen, du hast dir am Anfang des Schuljahres vorgenommen, im Jahreszeugnis in Bio eine Drei zu erreichen. Bisher hast du immer so mit Ach und Krach noch eine Vier geschafft und du möchtest jetzt in Bio endlich mal nicht mehr »nur gerade so mitkommen«. Du malst dir in Gedanken aus, wie das sein wird, wenn du am letzten Schultag dein Zeugnis in den Händen hältst und diese Drei hinter »Biologie« steht. Du hörst deine Lehrerin, die dich lobt, und auch deine Eltern werden begeistert sein. Keine schlechten Aussichten, oder? Und wenn es gerade mal wieder nicht so klappt und dich dein Schweinehund mit einem nett gegrunzten »Komm, draußen ist es so schön, quäl dich doch hier nicht!« vom Schreibtisch weglocken will, dann hast du diese Drei im Zeugnis vor Augen – und schickst deinen kleinen Saboteur noch mal für 15 Minuten ins Körbchen.

Die Devise lautet also: Setz dir ein klares Ziel – und mach dir dann ein möglichst genaues Bild davon. Egal ob es sich dabei um ein Fernziel – zum Beispiel eine bestimmte Note im Jahreszeugnis – oder ein kleines Etappenziel – eine Zwei beim nächsten Abfragen – handelt. Wenn du dir in deiner Fantasie schon mal vorab ausmalst, wie es sein wird, wenn du dein Ziel erreicht hast und deinen Erfolg so richtig auskostest, dann kannst du damit der Zeit und dir selbst ein Schnippchen schlagen: Denn dein Gehirn kann zwischen vorgestellten und wirklich erlebten Ereignissen nicht unterscheiden. Deine Fantasie wird also zum Magneten, der dich nach und nach näher an dein Ziel heranzieht.

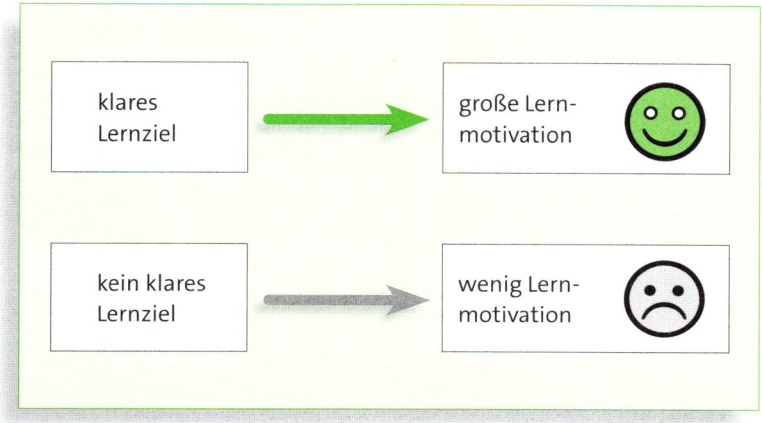

Im Halbjahreszeugnis stand bei Johannas Englischnote eine dicke Vier. Und die war auch noch knapp gewesen, hatte ihr Englischlehrer gesagt und sie ernst angeschaut. »Jetzt will ich aber wirklich mehr für Englisch tun«, beschloss Johanna. Ihr Schweinehund kicherte leise – er glaubte nicht daran, dass dieser Vorsatz lange halten würde, schließlich kannte er sein Frauchen nur zu gut. Doch diesmal wollte sich Johanna nicht von ihrem inneren Schweinehund von ihrem Ziel abbringen lassen. Sie sprach mit ihrem Lehrer und ließ sich von ihm zeigen, wo ihre Schwachstellen in Englisch lagen. Dann machte sie sich einen Lernplan, den sie in viele kleine Wochenabschnitte unterteilte. So würde sie bis zum Schuljahresende ihr fehlendes Wissen aufholen können.

Sie nahm sich vor, im Jahreszeugnis in Englisch eine Drei zu schaffen, und stellte sich vor, wie stolz sie wäre, wenn sie ihr Ziel erreicht hätte. Sie malte sich das breite Grinsen ihrer Eltern aus, wenn sie ihnen das Zeugnis zeigte und konnte förmlich das »Well done, Johanna!« ihres Lehrers im Kopf hören. Auch ihr Schweinehund musste zugeben, dass das eine angenehme Vorstellung war. Und diese Wochenpläne sahen wirklich ganz überschaubar aus. Jede Woche hakte sie ein neues Feld auf ihrem Lernplan ab und ihr Schweinehund verfolgte schon ganz gespannt, wie die beiden ihrem Ziel immer näher kamen.

Du siehst, es ist auch hier wieder ganz wichtig, dass du dir machbare Ziele setzt. Wenn du dir zu viel auflädst, wird dir dein innerer Schweinehund sehr schnell in die Parade fahren – und dann nützen dir auch die tollsten Fantasien nichts mehr. Wenn du zum Beispiel in deinem Problemfach innerhalb eines Halbjahres von einer Vier auf eine Eins kommen willst, wird das mit Sicherheit schwierig werden. Das Risiko, dass du dich überforderst und dein Schweinehund schon bald wieder dein Vorhaben sabotiert, um dich vor dem drohenden Stress zu schützen, ist dann viel zu groß.

Unterteile dein Ziel stattdessen in kleine, konkrete Etappen, plane jeden Tag einen festen Zeitpunkt ein, zu dem du an deinem Ziel arbeitest, und hole deinen inneren Schweinehund von Anfang an mit ins Boot, indem du ihm in den schönsten Farben ausmalst, wie toll es sein wird, wenn du dein Ziel erreicht hast. Dann wird er davon schließlich genauso begeistert sein wie du selbst und dich auf dem Weg wahrscheinlich kaum noch behindern.

Aller Anfang ist schwer

So weit, so verständlich: Du kennst nun die Tricks, mit denen du dich dauerhaft zum Lernen motivieren kannst – und weißt auch, wie du deinen inneren Schweinehund mit ins Boot holst. Aber vielleicht wirst du dennoch die Erfahrung machen, dass Wissen einerseits und Umsetzung andererseits zwei ziemlich verschiedene Paar Stiefel sind. »Aller Anfang ist schwer«, heißt es so schön – und es stimmt meist auch. Das Gute ist aber: Schwer ist tatsächlich *nur der Anfang*. Dann wird es immer leichter.

»Mensch, Klara, bist du immer noch nicht fertig?« Klara hatte gerade noch Zeit, das Messengerfenster zu schließen, bevor ihre Mutter ins Zimmer kam. Ihr Tonfall verhieß nichts Gutes, und Klaras Schweinehund, der ihr die ganze Zeit über eifrig ins Ohr geflüstert hatte, was sie noch alles dringend erledigen musste, bevor sie endlich mit den Hausaufgaben anfangen konnte, verzog sich lieber rasch. Das hätte Klara auch gerne gekonnt, denn natürlich sah ihre Mutter sofort, dass sie mit ihren Hausaufgaben in den letzten zwei Stunden keinen Schritt weitergekommen war. »Das ist doch immer dasselbe mit dir!«, schimpfte die Mutter genervt. »Ich versteh dich einfach nicht. Du vertrödelst den ganzen Nachmittag mit Chatten und solchem unnützen Zeug, jetzt ist es schon wieder halb sieben, und für morgen musst du noch eine Übersetzung machen und für Bio lernen. Da sitzt du wieder den ganzen Abend dran. Warum kannst du dir nicht endlich mal angewöhnen, die Hausaufgaben gleich nach der Schule zu machen?«

Rumms, fiel hinter ihr die Tür ins Schloss, und Klara saß mal wieder mit ihrem Dauerproblem da. Recht hatte sie ja, ihre Mutter, es machte natürlich keinen Spaß, jeden Abend an den Hausaufgaben zu sitzen. Sie hatte sich auch schon so oft vorgenommen, die Aufgaben und überhaupt die Lernerei gleich nach dem Mittagessen zu erledigen, jedes Jahr, wenn das neue Schuljahr anfing, sagte sie sich, dass sie es dieses Mal aber ganz bestimmt besser machen würde. Drei oder vier Tage hielt sie dann meist durch, bis dann doch wieder eine Freundin anrief oder eine dringende E-Mail ankam, und mit einem Schlag waren alle guten Vorsätze dahin. Meist war Klara schon am nächsten Tag wieder im alten Trott – und ihr Schweinehund tröstete sie: »Komm, nicht so schlimm, hat ja letztes Jahr auch schon nicht funktioniert!«

So wie Klara geht es vielen anderen Schülerinnen und Schülern, und auch Erwachsene haben sehr oft mit dem Problem zu kämpfen, dass sie ihre guten Vorsätze einfach nicht dauerhaft umsetzen können (auch wenn sie sich erfolgreich hinter ihrem inneren Schweinehund verstecken und ganz toll klingende Erklärungen finden, warum es dieses Mal wieder nicht geklappt hat). Es fällt fast allen Menschen schwer, eine bestimmte Verhaltensweise in unseren Alltag aufzunehmen und beizubehalten.

Wenn du nun zum Beispiel – so wie Klara es schon mehrmals versucht hat – einen regelmäßigen Hausaufgaben- oder Lernrhythmus in deinen Tagesablauf einbauen willst oder ein bestimmtes Lernvorhaben verfolgst, also etwa jeden Tag fünf Matheaufgaben zusätzlich lösen möchtest, dann kann es sein, dass du dabei erst mal gehörig Gegenwind spürst. Am Schalter der Windmaschine sitzt in diesem Fall dein Schweinehund. Außerdem bekommt er kräftig Unterstützung von deinen bisherigen Gewohnheiten, die vielleicht vorsahen, dass du nach der Schule erst mal auf den Bolzplatz spurtest oder für drei Stunden das Telefon blockierst. Gegen diesen Wind musst du anfangs richtig heftig ankämpfen, die »Überwindung« ist ganz besonders hoch. Natürlich bist du in dieser Phase auch ganz besonders anfällig für Sabotageakte deines Schweinehundes. Das ist die schlechte Nachricht.

Es gibt aber auch eine gute Nachricht: Dieses Problem schrumpft mit der Zeit! Die Windmaschine deines Schweinehunds kann nämlich nur eine gewisse Zeit lang auf höchster Stufe blasen. Nach und nach wird ihre Leistung schwächer und schließlich geht ihr die Luft aus. Wenn du also am Ball bleibst und über einen längeren Zeitraum (vier bis sechs Wochen sollten es mindestens sein) dem Gegenwind standhältst und dein Lernvorhaben durchziehst, dann wird die Überwindung immer kleiner und der Nutzen immer größer werden. Dein innerer Schweinehund gewöhnt sich allmählich an dein neues Verhalten. Musstest du dich am Anfang noch mit aller Kraft in den Wind legen, so kommt jetzt auf einmal ein Punkt, an dem du nicht mal mehr einen Luftzug spürst und dein neuer Lernrhythmus sich ganz wie von selbst abspult. Und auch wenn dir das jetzt vielleicht unglaublich vorkommt: Es wird dir dann sogar richtig etwas fehlen, wenn du einmal nach der Mittagspause nicht gleich wieder deine Aufgaben erledigst, sondern erst mal rumtrödelst.

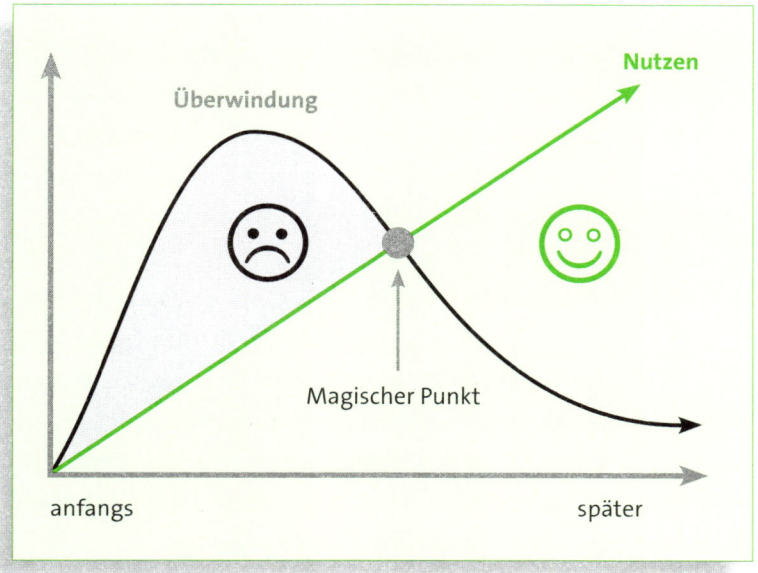

Um deinem inneren Windmacher die Gewöhnung ein wenig leichter zu machen und die ersten Wochen besser durchzustehen, solltest du drei Dinge beachten:

Nimm dir am Anfang nicht zu viel vor! Wenn du also zum Beispiel regelmäßig Vokabeln wiederholen willst, dann starte besser nicht mit 40 Stück pro Tag. Da wird dein Schweinehund nervös, und du musst ihn ja nicht unnötig reizen. Fang mit fünf Stück an, steigere das Pensum dann von Woche zu Woche um fünf weitere, und nach einer Weile wirst du vielleicht schon problemlos 50 Stück am Tag wiederholen. Nach und nach steigern kannst du auch deine Lernzeit: Starte zunächst mit einer halben Stunde, füge nach zwei Wochen 15 Minuten hinzu, nach zwei weiteren Wochen wieder 15 Minuten, und schleiche dich auf diese Weise langsam an dein geplantes Lernpensum von einer Stunde heran. Viele Lernvorhaben scheitern schlicht daran, dass wir uns viel zu viel vornehmen, und du weißt ja, Überforderung ist Gift für die Motivation. Also besser regelmäßig und in kleinen Etappen lernen, als unregelmäßig (zum Beispiel vor Klassenarbeiten oder Tests) einen Lernmarathon zu veranstalten.

Nutze die Kraft des Rhythmus! Baue dein neues Lernvorhaben fest in deinen Tagesablauf ein, und zwar am besten immer zur gleichen Zeit und am gleichen Ort. Damit gibst du deinem Kopf sozusagen einen Rhythmus vor, mit dessen Hilfe er sich leichter und schneller an dein neues Verhalten gewöhnen und es schon bald richtig und fest als Gewohnheit verankern kann.

Mach am Anfang keine Ausnahmen! Klaras Problem waren vor allem die Ausnahmen. In den ersten drei, vier Tagen hielt sie sich immer konsequent an ihren neuen Vorsatz, aber dann kam doch ihre Freundin und holte sie gleich nach der Schule zur Shoppingtour ab. Natürlich keimte da ein kleiner Widerstand in Klara auf, schließlich wollte sie doch lernen. Aber letztlich war die Aussicht auf einen schönen Nachmittag mit den Freundinnen dann doch stärker und ihr Schweinehund hatte nichts gegen ein bisschen Gesellschaft einzuwenden. Wenn dann am folgenden Tag pünktlich zur Hausaufgabenzeit eine andere Freundin anrief, war das schon nicht mehr so schlimm, schließlich hatte Klara gestern ja auch eine Ausnahme gemacht.

Doch Ausnahmen sind gerade in der Anfangsphase eines Lernvorhabens besonders gefährlich, wenn die Windmaschine noch mit voller Leistung bläst. Dann braucht es nur eine kleine Ausnahme, um dich umzuwerfen, und du kannst wieder ganz von vorne beginnen. »Ausfallen lassen, schleifen lassen, sein lassen« – das ist der Dreisatz der Schweinehunde, wenn es um Ausnahmen geht, sozusagen höhere Schweinehunde-Mathematik. Um diesem verhängnisvollen Mechanismus entgegenzuwirken, ist es besser, in den ersten Wochen wirklich gar keine Ausnahme zuzulassen. Und wenn es tatsächlich nicht anders geht, zum Beispiel, weil du einen Arzttermin hast, dann hole das Versäumte nach, am besten noch am selben Tag. So signalisierst du deinem Kopf und deinem Schweinehund: Ich bin nur kurz zur Seite gegangen, aber nicht umgefallen, ich bleibe dran!

Klara hat es im neuen Schuljahr übrigens geschafft: In den ersten Wochen war sie allerdings wirklich konsequent. Da konnte kommen wer oder was wollte, nach der Mittagspause zog sie ihre Hausaufgaben durch. Bis zu den Herbstferien hatte sie sich so daran gewöhnt, dass sie gar nicht mehr darüber nachdachte und sich schon ganz automatisch an die Aufgaben setzte, während ihr Schweinehund sich zufrieden zusammenrollte und das neu gewonnene Nachmittagsnickerchen genoss.

Niederlagen gehören auch dazu oder Das Trampolin der Sieger

Du hast sicher schon oft den Spruch gehört: »Es ist noch kein Meister vom Himmel gefallen.« Tatsächlich steckt in diesen Worten viel Wahres drin, auch wenn die ständigen Erfolgsstorys unserer Stars im Fernsehen oder im Internet uns oft etwas anderes vormachen wollen. Wir sehen eben nur, wie scheinbar mühelos und leicht die Stars auf der Bühne ihre perfekte Performance abliefern. Doch wie viele Niederlagen sie auf ihrem Weg zum Ruhm einstecken mussten, wie oft sie nahe daran waren aufzugeben und wie viel Arbeit in ihrem Erfolg steckt, darüber wird meistens nicht berichtet. Dabei gehören zu jedem Erfolg nun mal auch Niederlagen. Und selbst wenn dir Castingshows und Supertalentwettbewerbe einen anderen Eindruck vermitteln: Niemand wird mal eben so »über Nacht« zum Star oder zum Supermodel, ohne etwas dafür tun zu müssen!

Also, lass dich nicht von vermeintlichen »Naturtalenten«

abschrecken. Es ist völlig natürlich, wenn du manche Dinge nicht sofort schaffst, wenn du in der Schule, im Sport und sonst im Leben auch so manchen Misserfolg und manche Niederlage einstecken musst. Durststrecken zu erleben (manchmal sogar längere), in denen man demotiviert ist, vielleicht sogar frustriert und mutlos, gehört zu unseren ganz natürlichen Erfahrungen als Menschen. Klar, nicht zu den angenehmsten Erfahrungen – wer fühlt sich schon gerne als Versager? Aber vielleicht tröstet dich der Gedanke daran, dass dich diese Erfahrungen in der Regel stärker machen. Verlieren kannst du nicht, indem du hinfällst, sondern nur, wenn du dann liegen bleibst. Erfolgreiche Menschen sind übrigens nicht diejenigen, die auf der Erfolgsleiter immer nur nach oben steigen und von Sieg zu Sieg schweben, sondern solche, die gelernt haben, auch mit Niederlagen und Misserfolgen umzugehen und schwierige Phasen auszuhalten, ohne aufzugeben. Erst dadurch kannst du eine der wichtigsten Voraussetzungen der Selbstmotivation entwickeln, nämlich die Fähigkeit, trotz aller Schwierigkeiten wieder auf die eigenen Beine zu kommen und weiterzugehen. Wenn du das kannst, dann können Misserfolge und Niederlagen für dich tatsächlich zum Trampolin für spätere Erfolge im Leben werden.

Julius ging frustriert und mit hängenden Schultern vom Platz. Schon wieder verloren. Das war jetzt das zehnte Tennismatch in Folge, das machte doch wirklich keinen Spaß mehr. Am besten, dachte er, ich schmeiße alles hin. »Genau«, flüsterte sein innerer Schweinehund wie aufs Stichwort, »dieses blöde Tennis ist nix für dich. Da wirst du eh nie gut sein, die anderen sind einfach viel besser als du. Spar dir doch den ganzen Stress und gib's auf.«

Aber dieser innere Schweinehund hatte die Rechnung ohne Julius' Trainer gemacht. Was Julius zu diesem Zeitpunkt nämlich noch nicht klar war: Solche Durchhängerphasen sind völlig normal und gehören zu beinahe jedem Lernprozess dazu. Und sein Trainer wusste natürlich, dass in solchen Phasen der Schweinehund leichtes Spiel hat. Deshalb schlug er Julius vor, erst mal zwei Wochen mit dem Training auszusetzen, um dem Schweinehund ein bisschen Futter zu geben und ihn zu besänftigen.

Die beiden nächsten Trainingseinheiten fanden dann nicht auf dem Platz, sondern vor dem Computer statt. Julius schaute sich seine letzten Spiele an, die sein Trainer mit der Videokamera aufgezeichnet hatte, und gemeinsam analysierten sie seine häufigsten Fehler. Dabei stellte Julius fest, dass es eigentlich immer dieselben drei oder vier Fehler waren, die ihn um den Sieg brachten. In den folgenden Monaten arbeitete er konsequent an diesen Dingen, und schon nach kurzer Zeit ging er das erste Mal strahlend als Sieger vom Platz. Ein Jahr später gewann er sogar die Jugendmeisterschaften der Region. Und wenn er heute mal ein Spiel verliert, dann denkt Julius an seine früheren Niederlagen und wie diese ihm geholfen hatten, sein Spiel zu verbessern. So macht er aus seinen Misserfolgen immer wieder ein »Trampolin« für den nächsten Sieg.

Wir wollen dir nichts vorgaukeln: Misserfolge und Versagen sind nicht schön und es ist ehrlich gesagt überhaupt nicht leicht – ob nun in der Schule oder im sonstigen Leben –, diese anzunehmen und weiterzukämpfen. Aber sie gehören zum Leben und du wirst sie immer wieder erfahren, ob dir das gefällt oder nicht. Denk daran, dass es anderen genauso geht. Du bist nicht der einzige Versager auf der ganzen Welt! Auch wenn in solchen Momenten andere offensichtlich toller und erfolgreicher sind – achte nicht auf sie, die haben auch ihre Niederlagen gehabt. Schau nur auf dich selbst und sorge dafür, dass du wieder ins Gleichgewicht kommst. Überlege dir, wie du in der Vergangenheit mit kleineren oder größeren Niederlagen fertiggeworden bist. Eines ist sicher: Wenn du gestolpert bist, bist du wieder aufgestanden – sonst würdest du ja immer noch auf dem Boden liegen. Ganz am Anfang deines Lebens musstest du übrigens mit einem ganzen Berg von Niederlagen fertig werden – du erinnerst dich daran nur nicht mehr. Denn als du laufen gelernt hast, bist du hunderte Male hingefallen. Aber das hat dir nichts ausgemacht: Du hast dich wieder aufgerappelt und es erneut versucht, immer und immer wieder – und schließlich hat es geklappt, denn heute läufst du doch sicher ganz problemlos, stimmt's?

Es ist übrigens kein Zeichen von Schwäche, wenn du in dieser Situation bei deinen Eltern, Geschwistern oder wirklich guten Freunden Halt und Zuspruch suchst und findest. Vielleicht gönnst du dir sogar einmal eine vorübergehende Lern-Auszeit? Und selbst wenn du für ein bis zwei Tage nach der Schule mal alles liegen lässt, um auszuspannen, wird die Welt nicht zusammenbrechen. Meistens erwacht nach einer Pause wieder der innere Kampfgeist, der es einfach wissen will.

Dein innerer Schweinehund wird in solchen Situationen übrigens gerne versuchen, dich zum »Jammern« zu verleiten. Wie furchtbar und schwer doch die ganze Schule ist, dass alle Noten total ungerecht sind, der Lehrer überhaupt nicht erklären kann und keiner was kapiert und überhaupt. Solches Jammern fühlt sich im ersten Moment tatsächlich oft ganz gut an. Aber auf Dauer bringt dich das nicht im geringsten weiter und geht ganz schnell anderen – und oft sogar dir selbst – auf die Nerven. Steh vielmehr wieder auf, pack deine Niederlage zu den anderen auf die Trampolinmatte und spring kräftig drauf. So bist du in bester Position, um bei der nächsten Gelegenheit umso höher zu springen – und dann den Erfolg zu erreichen.

Verbünde dich mit Gleichgesinnten

So ein Kampf mit den inneren Schweinehund kann manchmal eine ganz schön einsame Sache sein. Wenn du es leid bist, immer im Zweikampf gegen deinen inneren Saboteur anzutreten, dann such dir nach dem Motto »Gemeinsam sind wir stark« ein paar Gleichgesinnte. Sich mit zwei oder drei Freunden zu verabreden, um gemeinsam Hausaufgaben zu machen, den Stoff nachzuarbeiten oder sich gegenseitig abzufragen, motiviert und macht sogar auch mehr Spaß. So kannst du dir gerade in Fächern, die du selbst nicht so gerne magst, gemeinsam mit Freunden das Lernen erheblich angenehmer machen.

Und es gibt noch ein paar ganz praktische Vorteile. So kann dir solch ein Treffen dabei helfen, deine mündliche Ausdrucksfähigkeit zu trainieren und damit fürs Abfragen besser gerüstet zu sein. Wenn du etwas besonders gut verstanden hast und es den anderen erklärst, dann prägst du dir damit den Stoff noch besser ein. Und wenn es die anderen nach deinen Erklärungsversuchen ebenfalls kapiert haben, hast du sogar noch ein kleines Erfolgserlebnis. Außerdem könnt ihr euch gegenseitig kontrollieren und merkt dabei wesentlich schneller, ob einer von euch etwas Wichtiges vielleicht nicht mitbekommen oder falsch verstanden hat.

Ein wirklich gutes Mittel, um sich gegenseitig anzuspornen, sind Lernbündnisse. Ein solches Lernbündnis könnt ihr mit ein paar Freunden ganz »offiziell« vereinbaren und vielleicht sogar schriftlich festhalten, dann fühlt es sich noch wichtiger an. So könntet ihr zum Beispiel verabreden, bis zum Jahreszeugnis eine bestimmte Note zu erreichen, gemeinsam jeden Monat ein Wiederholungsbuch durchzuarbeiten, eine bestimmte Anzahl von Vokabeln neu zu lernen und zu wiederholen und so weiter. Auch hier können dir also die Sogwirkung und die Kraft der Gemeinschaft das Lernen erleichtern.

Die wichtigsten Motivationstipps auf einen Blick

- **Den richtigen Antrieb finden:** *Druck (K.I.T.A.) und Belohnungen (Karotten) können kurzfristig ein guter Antrieb sein. Besser und dauerhafter aber wirken Lob und Anerkennung.*

- **Über- und Unterforderung vermeiden:** *Wirklichen Spaß am Lernen wirst du dann erleben, wenn du im Rahmen deiner Fähigkeiten gut gefordert bist. Dann bist du auf dem Flow-Pfad. Daher gilt: Bei Überforderung leichter machen, bei Unterforderung interessanter machen.*

- **Ein klares Ziel setzen:** *Je klarer dein Ziel ist, das du dir setzt, und je deutlicher dein Bild vom erreichten Erfolg, umso st deine Lernmotivation sein.*

- **Die Kraft des Rhythmus nutzen:** *Halte bei einem neuen Vorhaben den Takt ganz konsequent ein, damit du dich nicht jedes Mal wieder neu zum Lernen aufraffen musst. Vermeide vor allem zu Anfang verführerische Ausnahmen.*

- **Niederlagen zum Sprungbrett machen:** *Lerne Niederlagen und Misserfolge anzunehmen und nutze sie als Trampolin für spätere Erfolge.*

- **Verbündete suchen:** *Nutze die unterstützende Kraft, indem du mit anderen gemeinsam lernst.*

2. Konzentration
Spot an und richtige Wellenlänge einstellen

Ein he ßer Spätnachmittag im Juni. Schon seit einer Stunde brütet Julia über ihren Mathehausaufgaben. Ständig schweifen ihre Gedanken ab, immer neue Ablenkungen flüstert ihr innerer Schweinehund ihr ins Ohr. Schließlich schaut ihr Vater zur Tür herein: »Sitzt du immer noch an deinen Aufgaben?«

Julia stöhnt genervt. »Ich kann mich irgendwie gar nicht konzentrieren«, jammert sie.

»Tja, das liegt wohl daran, dass in deinem Kopf Mondschein ist«, grinst ihr Vater. Verwirrt starrt Julia ihn an. Mondschein im Kopf? Was soll der Blödsinn denn?

»Du sagst, dein Problem ist die Konzentration, richtig?«, hakt ihr Vater nach. Julia nickt zögernd. »Also ist alles, was du tun musst, dich richtig zu konzentrieren.«

»Toller Spruch, Papa!«, schnaubt Julia, »und wie genau mach ich das bitte?«

»Das wollte ich dir gerade erklären«, sagt ihr Vater. »Stell dir das mit der Konzentration mal so vor: Was passiert, wenn du eine Lupe in die Sonne hältst und ein Blatt Papier darunter legst?«

»Es fängt an zu brennen, das weiß doch jedes Kind«, motzt Julia, die immer noch keine Ahnung hat, was ihr Vater eigentlich von ihr will.

»Genau. Und was passiert, wenn du das Ganze nachts im Mondschein machst?«

Julia zuckt gelangweilt die Achseln. »Na, nix natürlich. Mondlicht ist doch viel zu schwach.«

»Stimmt«, sagt ihr Vater. »Aber warum eigentlich?«

Jetzt kommt Julia ins Grübeln. »Weil der Mond nicht selbst strahlt, sondern nur das Sonnenlicht reflektiert?«, überlegt sie.

»Ja, schon ganz gut«, antwortet ihr Vater. »Aber es fehlt noch etwas. Stell dir mal vor, da oben würde statt des Mondes ein riesiger Spiegel das Sonnenlicht reflektieren. Trotzdem könntest du mit einem solchen Lichtstrahl durch die Lupe ein Loch ins Papier brennen. Warum klappt das mit Mondlicht nicht?«

Allmählich dämmert es Julia, worauf ihr Vater hinauswill. »Weil der Mond nicht glatt ist wie ein Spiegel, sondern ganz rau und löchrig?«

»Genau«, sagt ihr Vater. »Der Mond hat eine zerklüftete Oberfläche. Wenn das Sonnenlicht da drauf trifft, wird es nicht in einem Strahl zurückgeworfen wie bei einem Spiegel, sondern es wird in ganz viele Richtungen abgelenkt. Das nennt man ›zerstreuen‹. Deshalb ist das Mondlicht viel schwächer als das Sonnenlicht. Der kleine Teil, der noch hier bei uns auf der Erde ankommt, ist zu schwach, um damit das Papier unter der Lupe in Brand zu setzen. Um nun auf deine Konzentration zurückzukommen: Du hast gerade zerstreutes Mondlicht im Kopf – und da kann dir dann auch kein Mathe-Licht aufgehen. Du musst von Mond- auf Sonnenlicht umschalten, dann klappt's auch mit Mathe!«

Eigentlich einleuchtend, was Julias Vater da erzählt: Wenn du deine Gedanken bündelst wie eine Lupe das Sonnenlicht und sie auf ein Problem oder eine Aufgabe richtest, dann bist du konzentriert. Lässt du deine Gedanken dagegen zerstreut wie Mondlicht durch die Gegend wandern, dann ist es kein Wunder, wenn dir im wahrsten Sinn des Wortes kein »Licht« aufgeht. Du kannst es dir auch so vorstellen wie in der Grafik auf Seite 45.

Bei der Konzentration ist deine gesamte Gehirnenergie wie ein Suchscheinwerfer auf die Aufgabe gerichtet, mit der du dich gerade beschäftigst. Je zerstreuter du dagegen bist, desto mehr Energie wird auf andere Sachen abgelenkt und umso weniger bleibt für deine Hausaufgaben übrig.

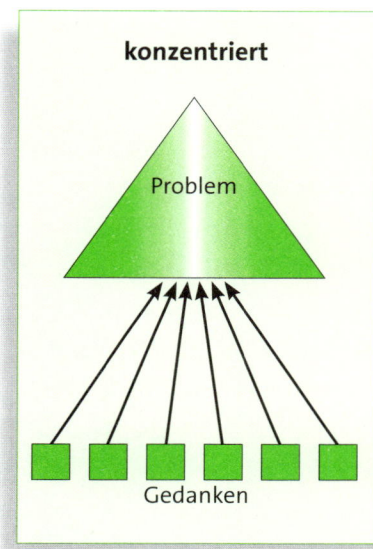

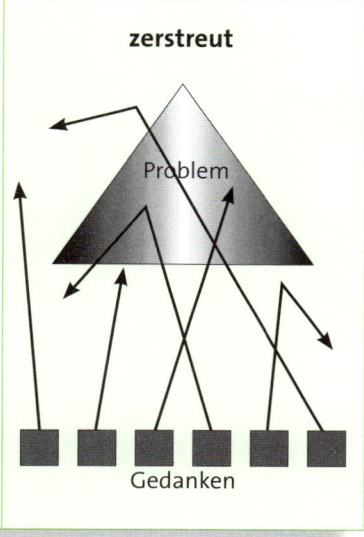

Aber warum fällt uns das Konzentrieren eigentlich so schwer? Das liegt daran, dass der Grundzustand unseres menschlichen Gehirns nicht die Konzentration ist, sondern die Zerstreuung. Unsere allgemeine Aufmerksamkeit, unser »Suchscheinwerfer«, ist nämlich standardmäßig sehr breit eingestellt, um möglichst viele Informationen aus der Umgebung einfangen und bewerten zu können. Für unsere Vorfahren war diese Eigenschaft überlebenswichtig. In der Wildnis waren sie stets von Gefahren umgeben und mussten daher ständig achtgeben, ob von irgendwoher eine Bedrohung kam. Heute aber brauchen wir für viele Dinge keine breite, sondern eine gezielte Aufmerksamkeit. Wenn wir uns also konzentrieren wollen, müssen wir unseren »Suchscheinwerfer« feiner einstellen. Das geht leider nicht mit einem einfachen Knopfdruck – schön wär's –, sondern es erfordert etwas Übung. Aber zum Glück hilft uns auch hier wieder die Macht der Gewohnheit: Je länger und je öfter du deine Konzentrationsfähigkeit trainierst, desto leichter fällt es dir und desto schneller geht es. Für dieses Konzentrationstraining brauchst du zum einen – das hatten wir schon – ein klares Ziel, eben die Aufgabe, mit der du dich beim Lernen beschäftigst und auf die du sozusagen deinen Suchscheinwerfer richtest. Je klarer und deutlicher das Ziel ist, desto besser für die Konzentration. Und auch hier gilt wieder: Die Aufgabe darf dich weder über- noch unterfordern. In beiden Fällen leidet die Konzentration ganz erheblich, denn entweder bist du gestresst oder gelangweilt. Da hat dein Schweinehund dann wieder gute Chancen, dich abzulenken.

Wie du bei Julia gesehen hast, reicht aber das klare Ziel allein nicht immer aus. Deine Gedanken können noch immer zerstreut durch die Gegend wandern, wann immer etwas in deinen Blick fällt, das dich bei deiner Aufgabe stört oder von ihr ablenkt. Deswegen ist für die Konzentration das Abschirmen vor Störungen und Ablenkungen aller Art ganz genauso wichtig wie das Ziel selbst.

Stell dir vor, wie du deinen Suchscheinwerfer mit einem dunklen Abdeckschirm umgibst – klar, dass das Licht dann umso kräftiger auf deine Aufgabe strahlen kann, oder? Dieses Abschirmen betrifft Störungen von außen (wie zum Beispiel Telefon, Türklingel, Familienmitglieder, E-Mails oder Messenger) genauso wie Störungen von innen. Darunter kannst du dir zum Beispiel Tagträumerei vorstellen, oder eben auch die Einflüsterungen deines inneren Schweinehundes, der

dich entweder zu etwas Leichterem oder Angenehmeren verführen will oder dir Sabotagesprüche ins Ohr quiekt. Wie du dich vor diesen Störungen schützt, dazu erfährst du gleich noch mehr.

Bitte nicht stören!

Benni war bei all seinen Freunden dafür bekannt, dass er seine Hausaufgaben jeden Tag in höchstens zwei Stunden fertig hatte. Dann war er schon wieder unterwegs mit seinen Inline-Skates oder auf dem Fußballplatz. Doch wer versuchte, ihn nachmittags zwischen zwei und vier anzurufen, bekam immer dieselbe Auskunft: »Der Benni hat gerade die rote Scheibe an der Tür, da darf ihn niemand stören.«

Vor gar nicht langer Zeit sah das noch ganz anders aus. Wenn Benni aus der Schule kam, musste er erst mal seine E-Mails checken, und danach blieb der Rechner meist den ganzen Nachmittag an. Jede neue E-Mail kündigte sich mit einem Bing an, damit Benni auch keine verpasste. Mit SMS war es dasselbe, manchmal hielt er in der einen Hand den Stift und tippte mit der anderen die nächste Nachricht. Da konnte dann schon mal in der SMS irgendwas von »a-x« stehen und in seinem Matheheft ein Smiley. Auch seine Mutter störte ihn ab und an, wenn auch meist, um ihn darauf hinzuweisen, dass er nicht so trödeln solle und doch eigentlich längst mit den Aufgaben fertig sein müsste.

Irgendwann aber hatte Benni genug davon, den ganzen Nachmittag am Schreibtisch zu hocken und fast keine Zeit mehr mit seinen Freunden verbringen zu können. Er fragte seine Mutter, was er dagegen machen könne, und diese verriet ihm einen einfachen Trick, den sie selbst im Büro auch anwendete, wenn es hoch herging und sie mal etwas Ruhe brauchte, um ein Schriftstück fertigzustellen oder einen Bericht zu schreiben. Bei Bennis Mutter war es die rote »Bitte nicht stören-Taste« am Telefon, mit der sie ihren Kolleginnen und Kollegen signalisierte, dass sie jetzt mal nicht zu sprechen sei – die Anrufe wurden dann eben weitergeleitet. »Probier es doch auch mal damit«, schlug seine Mutter ihm vor. »Stell während deiner Hausaufgaben Computer und Handy ab und häng' eine rote Scheibe an die Tür. Dann wissen alle anderen, dass du nicht gestört werden willst, und du kannst in Ruhe deine Aufgaben machen.« Und siehe da: Der Trick funktionierte. In den ersten Tagen war es zwar ziemlich ungewohnt, so ganz ohne Kontakt zur Außenwelt an den Hausaufgaben zu sitzen, und Bennis Schweinehund fühlte sich gar nicht wohl, hatte er doch große Angst, etwas zu verpassen. Aber das Ergebnis überzeugte schließlich auch ihn: Statt bis zum Abend vor den Heften zu sitzen, war Benni jetzt meist schon nach zwei Stunden mit den Aufgaben fertig – und beim Inlinerfahren neuerdings fast immer der erste.

Die rote Scheibe ist Bennis »Abdeckschirm«, wenn er sich konzentrieren muss. Sie signalisiert jedem: »Stopp, kein Zutritt!« und verhindert so Störungen und Unterbrechungen während der Zeit, in der Benni sich bewusst auf seine Hausaufgaben konzentriert. Außerdem hat er auch seinen Computer und sein Handy während dieser Zeit ausgeschaltet. Vielleicht etwas übertrieben, findest du? Tatsächlich hat Benni Recht, wenn er selbst kleine Unterbrechungen wie eine SMS ausschließt. Das Problem ist nämlich nicht die Störung selbst – klar ist so eine SMS schnell gelesen und beantwortet –, sondern die Zeit, die man braucht, um danach wieder in seine Arbeit reinzukommen. Eine Studie der University of California hat herausgefunden, was für einen Verlust solche ständigen Unterbrechungen für die Wirtschaft der USA bedeuten. Dabei hat sich gezeigt, dass die Angestellten bei der Arbeit ganz ähnlich wie Benni beim Lernen immer wieder unterbrochen werden, zum Beispiel durch E-Mails oder Telefonanrufe. Wer wie die meisten Menschen in einem Büro am Schreibtisch arbeitet, kann im Durchschnitt nur gerade mal 11 Minuten am Stück arbeiten, bevor er unterbrochen wird. Nach dieser Störung dauert es allerdings 8 Minuten, bis man sich wieder ganz in seine Aufgabe vertieft hat und ordentlich weiterarbeiten kann – aber nur für weitere 3 Minuten, denn dann kommt ja schon die nächste Störung. 11 Minuten – in der Schule reicht das nicht einmal für einen Grammatiktest. Klar, dass das auch für die Arbeit nicht gut sein kann. Und tatsächlich hat diese Studie gezeigt, dass die amerikanische Wirtschaft durch solche Unterbrechungen jedes Jahr ungefähr 600 Milliarden Dollar verliert. Das ist fünfzehnmal so viel Geld wie der reichste Mensch der Welt, Bill Gates, überhaupt besitzt. In Wirklichkeit halten sich die Unterbrechungen natürlich nicht an einen 11-Minuten-Rhythmus, sondern prasseln unbeeindruckt von solchen statistischen Erkenntnissen auf uns ein. Wir werden mit anderen Worten »ununterbrochen unterbrochen«.

In der Grafik auf Seite 50 siehst du, was bei ständigen Unterbrechungen mit deiner Leistungsfähigkeit passiert.

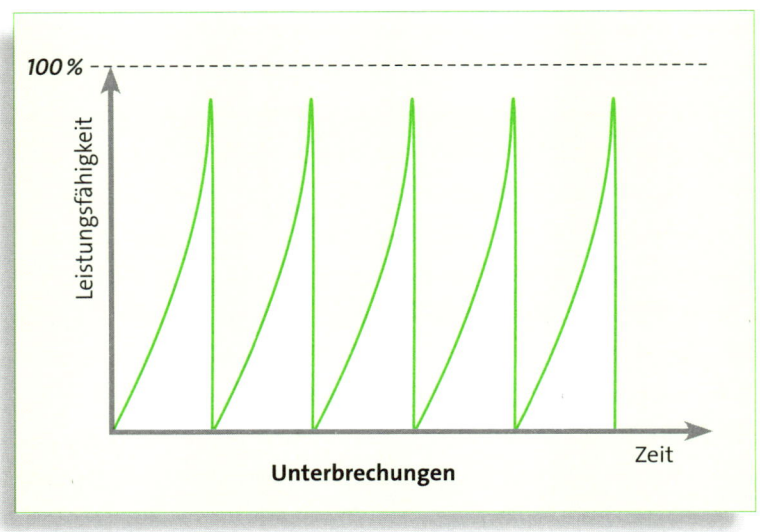

Jede Unterbrechung »zersägt« sozusagen deine Konzentration und bringt deinen Arbeitsrhythmus durcheinander. Wenn du dich gerade in eine Aufgabenstellung eingearbeitet hast, so kannst du meist nach einer Unterbrechung nicht einfach am gleichen Punkt weitermachen, sondern brauchst erst mal wieder eine neue Anlaufzeit. Passiert das einmal während deiner Hausaufgaben am Nachmittag, ist das noch kein so großes Problem. Aber wenn eine Störung nach der anderen kommt, dann ist es fast unmöglich für dich, die ganze Zeit konzentriert zu bleiben (denk noch einmal an den Suchscheinwerfer).

Dein Abdeckschirm nach außen

Der Trick besteht also darin, sich für eine gewisse Zeit so gut es geht von allen äußeren Störungen abzuschirmen. Dadurch nimmst du deinem Schweinehund von vornherein eine ganze Menge Gründe, um dich von deiner Arbeit abzulenken. Meist sind es ganz einfache Maßnahmen, die dir dabei helfen können, in Ruhe zu arbeiten:

Schalte Handy und Telefon ab und leite Anrufe auf die Mailbox um. So kommst du gar nicht erst in Versuchung, ankommende SMS sofort zu beantworten. Übrigens machen das alle Promis, VIPs und wichtigen Leute genauso – wer was von ihnen will, der meldet sich schon wieder. Die Vorstellung von dir als VIP, der auch mal nicht erreichbar ist, wird deinem Schweinehund sicher gefallen.

Auch der Computer sollte ausgeschaltet bleiben. Wenn du ihn für die Hausaufgaben brauchst, dann schließe wenigstens das E-Mail-Programm oder den Messenger. Setze dir lieber feste Zeiten, zu denen du deine E-Mails abrufst und beantwortest, zum Beispiel gleich nach der Schule eine halbe Stunde lang und dann erst wieder am Abend zwischen sechs und sieben.

Um Störungen durch Eltern, Geschwister und überraschende Besuche zu vermeiden, hilft es übrigens, alle über die Zeiten zu informieren, in denen du gerne ungestört arbeiten willst. Wenn du gleichzeitig sagst, dass du dich zu anderen Zeiten über Besuch freust, wird dir deswegen niemand böse sein. Zusätzlich kannst du ja auch eine rote Scheibe an deine Tür pinnen oder ein »Bitte nicht stören«-Schild.

Schwieriger kann es sein, äußere Störungen abzustellen, auf die du keinen oder wenig Einfluss hast: Straßen- oder Baustellenlärm zum Beispiel. Wenn es nicht reicht, einfach das Fenster zu schließen, und der Lärm dich weiter stört, dann kannst du ja mal im Familienkreis anregen, an einer anderen ruhigen Stelle in der Wohnung einen Arbeitsplatz zu bekommen. Und für Notfälle kann auch noch Ohropax helfen.

Keine Chance für dumme Sprüche

Sie kommen wie Gespenster aus dem Nichts, machen sich meist unbemerkt in deinem Kopf breit, vertreiben alle Gedanken, die sich mit deinen Aufgaben beschäftigen und entführen dich ins süße Land der Tagträume oder in die grauen Keller der Sorgen und Grübeleien – die Störungen von innen.

Kennst du das? Zehn Minuten lang warst du intensiv mit Mathe beschäftigt, da fällt dir ein, dass du am Abend auf Tines Party eingeladen bist. Du fragst dich, was du wohl anziehen könntest, wer alles kommen wird, ob Jo oder Marie auch da sein wird. Spätestens dann, wenn Jo oder Marie in deinem Tagtraum auftaucht, ist es wirklich nicht verwunderlich, dass Mathe gegen ihn oder sie keine Chance mehr hat. Das ist menschlich und geht uns allen so. Trotzdem kannst du so einen Tagtraum nun wirklich nicht gebrauchen, wenn du gerade alle Gedanken in deinem Kopf auf deine Matheaufgabe richten musst. Wenn du merkst, dass deine Gedanken abschweifen oder du dich beim Tagträumen ertappst, dann ärgere dich darüber nicht, sondern sag dir ganz ruhig und bestimmt: »Halt, jetzt nicht!« (mag dies bei einem schönen Thema auch nicht leichtfallen). Notfalls schreib es dir auf einen Zettel oder mal dir einen Smiley, den du an deine Pinnwand hängst, dann kannst du später nach dem Lernen weiterträumen.

Das Gleiche gilt für Sorgen und Grübeleien. Hier ist es ganz besonders wichtig, dass du dir das Problem, das dir durch den Kopf geht, aufschreibst und ganz genau notierst, wann du dich damit wieder beschäftigen willst. Denn dein innerer Schweinehund weiß, dass es ein wichtiges Problem ist, und wird es dir sonst immer wieder auf den Tisch schieben. Wenn du es notiert und für einen späteren Zeitpunkt fest eingeplant hast, kannst du deinen Schweinehund beruhigen und es für den Moment mit gutem Gewissen aus deinem Kopf wegschicken.

Neben solchen Gedankenreisen gibt es aber noch eine weitere Art von inneren Störungen. Die haben nichts mit echten Plänen oder Problemen zu tun, sondern es sind Stimmen, die dir etwas einreden wollen, die dich herunterziehen, entmutigen und hindern, deine gesteckten Ziele zu verfolgen. Nein, keine Panik – du bist nicht verrückt und wir sind nicht im Horrorfilm. Diese geheimnisvollen Stimmen sind ebenfalls ganz normal und menschlich. Wirf mal einen Blick auf deinen schweinehündischen Begleiter. Läuft er gerade rot an und guckt ganz schuldbewusst? Da hat er auch allen Grund zu. Meist ist nämlich er es, der dir seine berühmten Sabotagesprüche ins Ohr flüstert, wenn er mal wieder findet, dass es jetzt aber wirklich genug sein muss mit der Konzentration. Schau dir die Sabotage-Checkliste auf Seite 54 an – kommen dir von diesen Sprüchen welche bekannt vor? Oder kennst du noch andere?

Sabotage-Check	kenne ich gut	
	ja	nein
● Das schaffe ich nicht!		
● Die Zeit bis zur Klassenarbeit ist eh viel zu kurz.		
● Andere sind viel besser!		
● Das klappt doch sowieso wieder nicht.		
● Das kann sich doch kein Mensch merken.		
● Wozu soll ich das überhaupt lernen, das brauche ich eh nie wieder.		
● Ich kann das einfach nicht.		
● Ich hab halt ein ein schlechtes Gedächtnis.		
● Das versteh ich nie!		
● Bei dem Lehrer kriegt man nie was Besseres als eine Drei.		
● Wenn ich das frage, denken die anderen doch, ich wäre blöd.		
● Ich bin heute nicht in Stimmung, um zu lernen.		
●		
●		
●		
●		
●		
●		
●		

Mit dieser Übersicht hast du schon den ersten wichtigen Schritt getan, nämlich die Sprüche, die dich sabotieren und runterziehen, entlarvt. Wenn du sie dir bewusst gemacht hast, wirst du sie das nächste Mal, wenn dein Schweinehund sie flüstert, erkennen und kannst laut »Erwischt!« sagen. Schon allein dadurch wird der Spruch viel von seiner Macht verlieren und dich womöglich schon gar nicht mehr weiter belästigen. Für die ganz hartnäckigen Fälle gibt es außerdem einen hilfreichen Trick.

Solche Sprüche kannst du am besten entschärfen, indem du ganz bewusst widersprichst. Wenn dein Schweinehund dir also einflüstern will, dass du Mathe niemals nicht kapieren wirst, dann widersprich ihm und sage: »So ein Quatsch! Ich kann Mathe! Ich schaff das!« Das fühlt sich am Anfang vielleicht etwas merkwürdig an, und es kann sein, dass du selbst nicht so wirklich daran glaubst. Aber das macht nichts!

Auch bei der Gestaltung deines Arbeitsplatzes kannst du eine ganze Menge für deine Konzentration tun, zum Beispiel, indem du optische Störungen reduzierst oder ganz abstellst. Hier ein paar Tipps für den ultimativen Konzentrations-Schreibtisch:

Immer am gleichen Ort: Du solltest nach Möglichkeit einen festen Arbeitsplatz haben, an dem du immer deine Hausaufgaben erledigst. Optimal ist ein eigener Schreibtisch in deinem Zimmer. Dieser Platz sollte wirklich nur fürs Arbeiten reserviert sein – die Spielkonsole stellst du also besser woanders hin. Das hat einen einfachen Grund: Es ist heute wissenschaftlich nachgewiesen, dass das Gehirn mit bestimmten Orten automatisch bestimmte Verhaltensweisen oder Vorgänge verbindet. Wenn du also immer am selben Tisch lernst und dort auch nichts anderes machst, insbesondere keine vom Lernen ablenkenden Sachen, dann wird sich dein Kopf (und mit ihm dein innerer Schweinehund) nach kurzer Zeit von selbst auf Lernen einstellen, wenn du an diesem Tisch sitzt. Die Konzentration kommt dann praktisch von selbst.

Der leere Tisch: Dein Schreibtisch sollte leer sein – bis auf die Dinge natürlich, die du für die Hausaufgaben oder dein Lernpensum benötigst. Wenn vor dir Comics, Handy, iPod und Spielekonsole herumliegen, dann braucht es nur einen kurzen Blick vom konzentrierten Arbeiten zur Ablenkung. Und sei sicher: Dein Schweinehund wird dafür sorgen, dass du immer mal wieder herumschaust, ob sich nicht doch was Interessanteres als Chemie findet. Ist dein Schreibtisch dagegen leer, dann hast du ihm diese Ablenkungsmöglichkeit schon mal verbaut.

Schöne Aussichten: Wenn du von deinem Schreibtisch aufblickst, solltest du möglichst etwas Schönes sehen – aber nichts, was dich zu sehr ablenkt. Nett, wenn man aus dem Fenster in die weite Landschaft guckt, aber die hat man natürlich nicht immer zur Hand. Auf jeden Fall solltest du nicht unbedingt auf einen belebten Platz schauen, auf dem deine Freunde vielleicht gerade herumskaten, während du eigentlich Vokabeln lernen willst – logisch, dass dein Schweinehund dann leichtes Spiel hat, dich vom Schreibtisch wegzukriegen. In solch einem Fall kann es besser sein, den Schreibtisch quer zum Fenster zu stellen und an die Wand vor dir ein schönes Poster zu hängen.

Licht und Luft: Eigentlich selbstverständlich, aber trotzdem sehr wichtig: An deinem Arbeitsplatz sollte immer gutes Licht sein – entweder Tageslicht oder eine vernünftige Lampe. Dein Stuhl sollte bequem und rückengerecht sein, du verbringst schließlich eine ganze Menge Zeit darauf! Und zu guter Letzt: Lüfte in regelmäßigen Abständen den Raum gut durch – mit ausreichend Sauerstoff lernt es sich besser!

Wichtig ist nur, dass du dir und deinem Schweinehund damit zeigst, dass du auch noch andere Möglichkeiten hast, dass du die Fäden in der Hand hältst und bestimmst, wo's langgeht, was du kannst und was nicht. Auf Dauer wird dein Schweinehund dem immer weniger entgegensetzen können.

Störungen aufspüren

Vielleicht hast du den Eindruck, dass dich Störungen vom konzentrierten Arbeiten abhalten, weißt aber nicht so richtig, was genau eigentlich stört? Dann probier doch mal den Störungs-Check auf Seite 58. Am besten kopierst du die Seite mit der Checkliste, dann kannst du den Check über mehrere Tage durchführen und wenn du möchtest später noch einmal wiederholen. Wenn du mehrere Blätter ausgefüllt hast, kannst du deinen Check auswerten und so genau erkennen, wie viel von deiner Arbeitszeit tatsächlich für Störungen draufgegangen ist und was dich am häufigsten stört. Übrigens: Wenn dir dein Schweinehund jetzt zugrunzt, dass das aber nach ganz schön viel Arbeit klingt, solche Blätter auszufüllen, dann kannst du ihn beruhigen. Es ist zwar richtig, dass es einmalig etwas mehr Arbeit ist. Doch wenn du sie einmal gemacht und dadurch die Hauptursachen für eine Störung herausgefunden hast, wirst du etwas dagegen unternehmen können und dir (und deinem Schweinehund) dadurch in Zukunft die Hausaufgabenzeit wesentlich leichter machen.

STÖRUNGS-CHECK

am ___ . ___ . 20___

	von – bis	Dauer	Wer	Grund
			Unterbrechungen (ohne Pause)	
1.				
2.				
3.				
4.				
5.				
6.				
7.				
8.				
9.				
10.				
11.				
12.				
13.				
14.				
15.				
16.				
17.				
18.				
19.				
20.				
21.				
22.				
23.				
24.				
25.				

STÖRUNGS-CHECK – Auswertung

Unterbrechungs-arten	Anzahl Unterbrechungen	Gesamt Minuten	Störfaktor Nummer
● Telefonate			
● E-Mails/Messenger			
● Internetsurfen			
● spontane Besuche			
● Eltern/Geschwister			
● »Tagträumerei«			
Sonstiges:			
●			
●			
●			
●			
●			
●			
●			
●			

Zum Abschluss noch zwei weitere Konzentrationstipps, gegen die dein innerer Schweinehund sicher nichts einwenden wird.

1. Mach mal Pause

Richtig gelesen: Pausen sind beim Arbeiten nicht nur erlaubt, sondern sogar vorgeschrieben! Denn selbst, wenn du alle oben genannten Voraussetzungen erfüllst, nimmt deine Konzentrationsfähigkeit mit der Zeit ab. Irgendwann sitzt du dann noch vor deinen Büchern, versuchst, die Matheaufgaben zu lösen oder die Französischvokabeln ins Langzeitgedächtnis zu befördern, doch es gelingt dir nicht mehr so richtig. Da die Konzentration nicht mit einem Schlag weg ist, sondern ganz allmählich nachlässt, merkst du es zunächst gar nicht, sondern erst wenn du völlig k.o. bist und gar nichts mehr geht. Das kannst du durch regelmäßige Pausen vermeiden. Am besten ist es, wenn du nach etwa 50 Minuten eine Pause einlegst. Dann nämlich ist deine Konzentrationsfähigkeit fast auf null gesunken. Nach 10 Minuten Pause ist dein Kopf wieder fit und du kannst mit voller Kraft weitermachen.

In den Pausen kann das Wissen »sich setzen«, es wird verarbeitet und du kannst gleichzeitig wieder fit werden. Während du dich also erholst, arbeitet dein Gehirn sozusagen im »Speichern«-Modus. Das heißt, es lernt weiter, ohne dass du es merkst. Ganz praktisch, oder? Da grinst er jetzt, dein Schweinehund…

2. Schalte auf die richtige Frequenz

Sicher hast du schon mal den Begriff »Gehirnwellen« gehört? Genauso wie ein Radiosender oder ein Handy Wellen aussendet und damit Informationen – eben die Musik oder das Telefongespräch – weitergibt, werden auch in unserem Gehirn jede Sekunde unzählige elektrische Signale gesendet. Diese Signale nennt man Gehirnwellen, weil sie, wenn man sie mit medizinischen Geräten wie zum Beispiel einem EEG sichtbar macht, aussehen wie eine Wellenlinie. Je nachdem, ob unser Gehirn gerade wach ist oder schläft, ob es also sehr aktiv ist oder kaum, haben diese Wellen eine unterschiedliche Form. Im ruhigen Zustand sind sie eher lang und flach. Bist du dagegen hellwach und angespannt, sind die Wellen kurz und hoch. In der Abbildung auf Seite 62 kannst du solche Wellenmuster sehen.

Auch beim Lernen spielen diese Wellen eine wichtige Rolle. Damit Informationen, die du in deinem Gehirn abspeichern willst, dort leichter aufgenommen werden, sollte dein Gehirn auf »Empfangsfrequenz« eingestellt sein. Normalerweise sind wir tagsüber wach-angespannt. Zum Lernen ist es jedoch am besten, wenn du wach-entspannt bist.

Darstellung	Aktivität
1.	wach-angespannt
2.	wach-entspannt
3.	Schlaf
4.	Tiefschlaf

Dann arbeiten die Signale in deinem Kopf langsamer und du kannst besser kreativ sein, Probleme lösen, dir Neues merken und es abspeichern. Diese »Empfangsfrequenz« kannst du selbst erzeugen. Das geht ganz einfach: Du musst deinen Kopf dafür nur mit den richtigen Klängen füttern. Es gibt nämlich Musikstücke, die genau die gleichen Schwingungen haben wie deine Gehirnwellen, wenn du wach-entspannt bist. Wenn du nun, bevor du mit dem Lernen beginnst, ein paar Minuten lang so ein Musikstück hörst, bringst du damit deinen Kopf automatisch auf Lernmodus. Das funktioniert allerdings nur mit ganz bestimmten Musikstücken, nämlich altmodischer, langsamer Barockmusik oder auch speziell komponierter moderner Entspannungsmusik. Frag doch mal deine Eltern, ob ihr gemeinsam nach dieser Musik suchen könnt – vielleicht haben sie ja sogar schon die richtigen CDs im Schrank? Klar, das ist sicher nichts für die Favoritenliste deines MP3-Players, aber es soll ja auch nur zum Lernen gedacht sein – und für die nächste Fete gibt's dann wieder andere Songs.

Die wichtigsten Konzentrationstipps auf einen Blick

- **Suchscheinwerfer einschalten:** *Konzentration funktioniert nur bei »Sonnenlicht«. Bündele deine Gedanken und richte sie bewusst auf deine Aufgabe. Ein klares Ziel wirkt dabei als Magnet für deine Gedanken.*

- **Rote Scheibe:** *Richte dir einen Abdeckschirm ein, der dich vor Störungen von außen schützt. Schalte Handy, Computer und E-Mail-Programm aus und den VIP-Modus ein – mach dich ruhig mal unerreichbar, du kannst es dir erlauben.*

- **Sabotagesprüche checken:** *Mach dir innere Störungen wie etwa die negativen Sprüche deines inneren Schweinehundes bewusst und widersprich ihnen laut und energisch. Verschiebe Tagträume und Grübeleien auf später, indem du sie notierst und dann ganz bewusst beiseitelegst.*

- **Speichern-Modus nutzen:** *Mach regelmäßig eine Pause – am besten spätestens nach einer Stunde etwa 10 Minuten lang. Das gibt nicht nur dir Gelegenheit zur Erholung, sondern deinem Gehirn auch die Möglichkeit, das Gelernte zu verarbeiten und besser speichern zu können.*

● **Richtige Frequenz einschalten:** *Mach dir die Kraft der Gehirn-wellen zunutze, indem du vor oder während des Lernens ge-eignete Musik abspielst und so deinen Kopf auf die richtigen »Lernwellen« einstellst.*

3. Gedächtnistechnik
Schnellstraße ins Hirn

Anna ist ein echtes Gedächtnis-Ass. Schon dreimal hat sie bei den Landesjugendmeisterschaften im Gedächtnistraining gewonnen. Klar, dass sie sich auch im Unterricht alles spielend merken kann: Jahreszahlen, Vokabeln oder mathematische Formeln sind für Anna kein Problem. Ihre Freundin Meike findet das toll und beneidet Anna auch ein bisschen um diese Begabung. »Ich wünschte, ich hätte so ein tolles Gedächtnis wie du«, gibt sie zu.

Anna lacht nur »Kein Problem«, meint sie, »das kannst du haben.«

»Wie soll das denn gehen?«, fragt Meike verwirrt. »Ich hab doch ein total schlechtes Gedächtnis.«

»Ach was«, sagt Anna. »Da ist echt nicht viel dabei. Das kannst du genauso, wetten? Komm doch am Samstagnachmittag zu mir, dann zeig ich dir, wie's geht.«

Meike ist immer noch skeptisch. »Vergiss es, du Gedächtnisniete, so was schaffst du nie!«, jault die wohlbekannte Stimme ihres Schweinehundes. Doch schließlich siegt die Neugier über Meikes Zweifel und gespannt machen sie und ihr Schweinehund (der ja auch mal was Neues erleben will) sich am Samstagnachmittag auf den Weg zu Anna. Die hat nicht zu viel versprochen – und Meike staunt nicht schlecht, wie leicht auch sie sich plötzlich Dinge merken kann. »Das ist ja fast wie Zauberei«, lacht sie glücklich – und ihr Schweinehund klatscht begeistert Applaus.

Willst du wissen, welchen Trick Meike von Anna gelernt hat? Mach dich bereit – jetzt geht es direkt hinein in dein Gehirn!

Der beste Computer der Welt

Unser Gehirn mit seinen 1,3 Kilogramm grauer glibberiger Gehirnmasse sieht vielleicht nicht so aus. Doch es gilt immer noch als der beste Computer der Welt. Allerdings haben wir im Unterschied zu den Computern, die wir kaufen, für unser Hirn leider keine Bedienungsanleitung mitbekommen, in der wir die wichtigsten Funktionen einfach nachschlagen könnten. Lass uns deshalb versuchen, ein wenig davon nachzuholen.

Zunächst einmal kennt unser Gehirn drei verschiedene Gedächtnisstufen. Das sind sozusagen die Speicherplätze für die verschiedenen Arten von Daten, die das Gehirn sich merken soll.

Speicherplatz 1: Das Ultrakurzzeitgedächtnis Das ist der »Arbeitsspeicher«, den unser Gehirn benötigt, um überhaupt »lauffähig« zu sein. Hier werden alle Sinneseindrücke, die auf uns einströmen, erst einmal verarbeitet. Das passiert so automatisch und unbewusst, dass du selbst davon gar nichts mitbekommst. Fährst du beispielsweise mit dem Fahrrad zur Schule, so strömt auf dich in jeder Sekunde eine Fülle von Informationen ein: rechts drei Fußgänger, links ein Auto, vor dir bremst der LKW, hinter dir hupt ein ungeduldiger Taxifahrer, die Ampel springt auf Rot und so weiter. All diese Informationen verarbeitet dein Gehirn, schließlich willst du ja sicher in der Schule ankommen. Aber praktisch keinen dieser vielen Eindrücke wirst du am Ende der Fahrt noch in Erinnerung haben. Denn fast alles, was du wahrgenommen hast, wird schon nach wenigen Sekunden wieder gelöscht. Nur wenn etwas dabei ist, was wirklich wichtig erscheint, wandert diese Information ins Kurzzeitgedächtnis – zum Beispiel, wenn du an einem Kino vorbeifährst und dort ein Plakat für einen neuen Film siehst, der dich interessiert. Beim Lernen spielt das Ultrakurzzeitgedächtnis natürlich keine große Rolle, wir müssen uns also damit nicht weiter beschäftigen.

Speicherplatz 2: Das Kurzzeitgedächtnis Hier wird alles abgelegt, was für uns von Bedeutung ist und bewusst und gezielt zwischengespeichert werden soll – es ist also sozusagen die »Zwischenablage«. Im Kurzzeitgedächtnis wird so etwas wie eine »vorläufige Kopie« der Information erstellt. Diese Kopien sind jedoch nicht lange haltbar. Sie bleiben maximal einen Tag in deiner Zwischenablage und werden dann automatisch wieder gelöscht. Sollen uns die Informationen dauerhaft zur Verfügung stehen – wollen wir also etwas lernen –, dann müssen sie vom Kurzzeit- ins Langzeitgedächtnis verschoben werden.

Speicherplatz 3: Das Langzeitgedächtnis Das Langzeitgedächtnis ist praktisch deine Festplatte. Auf dieser wird eine Kopie der Information erstellt, die lange haltbar und jederzeit wieder abrufbar ist. Informationen, die einmal auf der Festplatte abgelegt wurden, kannst du so schnell nicht wieder vergessen. Fürs Lernen heißt das also: Alles Wichtige muss auf die Festplatte. Klingt doch eigentlich gar nicht so schwer, oder?

Chefzimmer und Vorzimmer

Das ist es auch nicht. Letztlich geht es beim Lernen tatsächlich nur darum, die Informationen vom Kurzzeitgedächtnis ins Langzeitgedächtnis zu befördern. Für den Weg ins Langzeitgedächtnis gibt es drei Möglichkeiten. Die Gehirnspezialistin Vera F. Birkenbihl hat das mal sehr schön mit folgendem Bild erklärt: Stell dir vor, dein Kurzzeitgedächtnis ist das Vorzimmer, und dein Langzeitgedächtnis ist das Chefzimmer. Zum Chef wollen natürlich alle, aber nicht jeder darf rein, denn der Chef hat nur Zeit für die wichtigen Informationen.

Für echte VIPs, also die ganz wichtigen Infos, gibt es den Weg durch die Hintertür. Sie brauchen gar nicht erst durch das Vorzimmer zu gehen, sondern dürfen direkt rein zum Chef. Es gibt zwei Sorten von VIP-Informationen:

Die einen sind die sogenannten »überlebenswichtigen« Informationen. Stell dir vor, auf einer Wanderung im Wald muss einer der Wanderer plötzlich mal »verschwinden«. Er sucht sich ein ruhiges Plätzchen hinter einem Busch, und gerade, als er in die Hocke gehen will, erwischt er mit der rechten Pobacke eine Brennnessel. Autsch! Das hat weh getan. Was meinst du, wie oft dieser Mensch das wohl noch machen muss, bis er sich gemerkt hat, dass Brennnesseln brennen? Nochmals mit der linken Pobacke? Oder nochmals drei Meter weiter an einer anderen Brennnessel? Blöde Frage, klar! So etwas macht natürlich niemand freiwillig zweimal und es ist auch gar nicht nötig. Denn alle überlebenswichtigen Informationen speichert unser Gehirn sofort und für immer.

Die zweite Art von VIP-Infos sind die »brennend interessanten«. Ich kann mich gut erinnern, wie mir einmal ein Bekannter von seinem Sohn erzählte. Damals war der Junge zehn und sein Vater jammerte mir eine halbe Stunde lang vor, dass sein Sohn in der Schule in sämtlichen Fächern riesige Probleme habe. Geschichte, Englisch, Mathe – alles könne man ihm fünfmal erklären, er könne sich einfach nichts merken. Kurz darauf lernte ich genau diesen Jungen durch Zufall selbst kennen. Es war während eines Ausflugs in den Zoo, an dem auch meine Tochter und ich teilnahmen. Als wir ins Insektenhaus kamen, wäre ich am liebsten am Eingang stehen geblieben – mit Spinnen und Heuschrecken konnte ich mich noch nie besonders anfreunden. Da hörte ich, wie ein Junge vor mir anfing, den anderen Kindern, die bei ihm waren, die verschiedenen Spinnenarten zu erklären. Er kannte jede einzelne von ihnen beim Namen, wusste, was sie fressen, wo sie leben und ob sie giftig sind oder nicht. Du kannst dir vorstellen, wie erstaunt ich war, als meine Tochter mir verriet, dass dies der Junge mit dem angeblich schlechten Gedächtnis sein sollte. Von wegen – der war ein wandelndes Insektenlexikon! Und wenn in diesem Moment ein Insektenforscher hereingestürzt wäre und aufgeregt verkündet hätte, dass er soeben eine neue Spinnenart mit Namen Aplassadissida brolofumminca entdeckt habe – dieser Junge hätte sich das garantiert gemerkt. Warum? Weil ihn dieses Thema einfach brennend interessierte. Und das wirst auch du sicher schon erfahren haben: Alles, was du total spannend findest, was dich wirklich interessiert, das merkst du dir sofort.

Lebenswichtige und brennend interessante Informationen werden vom Langzeitgedächtnis sofort abgespeichert. Das geht automatisch, ohne das wir uns bemühen müssen. – Übrigens kannst du dir das ganz einfach mit dem Bild von dem nackten Hintern und den Brennnesseln merken: Der nackte Hintern steht für das *nackte Überleben* und die Brennnesseln für das *brennende Interesse*. Zu dieser Merktechnik später noch mehr.

Nun ist freilich beim Lernen das Problem, dass viele Dinge, die du für die Schule oder später im Studium lernen sollst, weder lebenswichtig noch von brennendem Interesse sind. Sie können also nicht den schnellen Weg durch die Hintertür ins Chefzimmer nehmen, sondern müssen den längeren, üblichen Weg durch das Vorzimmer gehen. Wenn nun so eine Information das Vorzimmer betritt, sagt die Sekretärin: »Überlebenswichtig oder von brennendem Interesse bist DU nicht – sonst wärst du ja schon durch die Hintertür beim Chef. Also musst du leider warten. Bitte Platz nehmen.« Kurz darauf kommt die nächste Information, der es genauso geht, und schnell füllt sich das Zimmer.

Doch es gibt insgesamt nicht mehr als fünf bis sieben Stühle im Vorzimmer, dann ist es voll. Jede weitere Information, die jetzt noch hineinwill, wird entweder von denen, die schon drinnen sind, daran gehindert – dann halten die Informationen im Zimmer sozusagen von innen die Tür zu und die Information draußen hat Pech gehabt. Oder aber die neue Information ist stark genug, um die Tür aufzudrücken. Dann schubst sie stattdessen eine der anwesenden Informationen, die schwächer ist als sie selbst, aus dem Vorzimmer hinaus.

Wiederholung – Wiederholung – Wiederholung

Auch wenn der direkte Weg ins Langzeitgedächtnis mithilfe des bildhaften Lernens dir Lernarbeit ersparen wird: Du wirst leider trotzdem oftmals um regelmäßige Wiederholung nicht herumkommen. Das liegt ganz einfach daran, dass die vorläufigen Kopien des Stoffes in deinem Kurzzeitgedächtnis ziemlich zerbrechlich sind. Gehirnforscher haben herausgefunden, dass neu erlerntes Wissen, selbst wenn du es am Anfang richtig gut beherrscht hast, spätestens nach zwölf Monaten, meist allerdings schon nach 30 Tagen wieder vergessen ist. Die Vergessenskurve geht also steil nach unten.

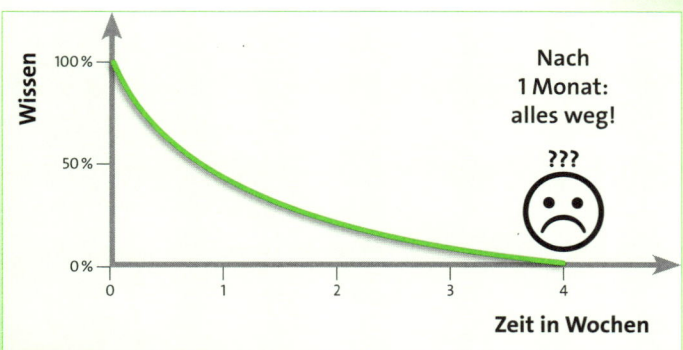

Aber auch hier kannst du dir mit einem Trick die Lernerei etwas erleichtern. Wenn du nämlich in den richtigen Abständen das Gelernte wiederholst, kannst du dieser Vergessenskurve entkommen. Im Regelfall braucht es zwischen zwei und fünf Wiederholungsdurchgänge, bis ein Stoff wirklich sitzt. Am allerwichtigsten dabei ist, dass du die erste Wiederholung spätestens nach 24 Stunden machst, also möglichst am gleichen Nachmittag oder am nächsten Tag, nachdem du etwas gelernt hast. Sonst zerfallen nämlich die vorläufigen Kopien, die im Kurzzeitgedächtnis abgelegt wurden, wieder und haben keine Chance, einen Platz im Langzeitgedächtnis zu finden. Für die nächste Wiederholung darf der Abstand dann ruhig etwas länger sein: etwa eine Woche und danach dann im Abstand von zwei bis vier Wochen.

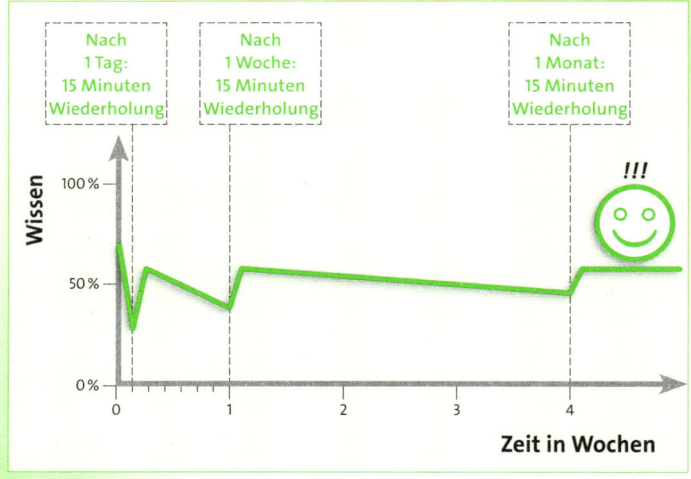

Für deine tägliche Lernarbeit bedeutet das, nicht nur ständig Neues zu büffeln, sondern auch zu wiederholen. Etwa ein Drittel deiner täglichen Lernzeit sollte für Wiederholung reserviert sein. Bei diesen Wiederholungsdurchgängen können dir zum Beispiel Karteikarten (siehe dazu Seite 88) oder auch Lernprogramme am Computer helfen.

Wie auch immer: Alle, die nicht ins Vorzimmer reinkommen oder wieder hinausgeworfen werden, werden vertröstet und von der Sekretärin aufgefordert wiederzukommen.

Wenn der Lernende – also du – sich nun am nächsten Tag wieder an den Schreibtisch setzt, taucht die Information erneut im Sekretariat auf. Und am folgenden Tag wieder, und dann noch mal, und noch mal. Nach einer Weile kennt die Sekretärin diese Information schon, die immer wieder so hartnäckig auftaucht, und wenn sie ihr interessant genug vorkommt, dann wird sie sie schließlich irgendwann ins Chefzimmer durchlassen. Diesen Vorgang nennt man Wiederholen oder schlicht und einfach Pauken: Wenn du's nur oft genug wiederholst, hat's dein Gehirn irgendwann »gefressen«. Deswegen kommt dir Lernen oft so öde vor und dein innerer Schweinehund hat verständlicherweise auf solche langweiligen Wiederholungstaten keine Lust. Doch du kannst ihn beruhigen: Es gibt noch einen dritten, viel leichteren Weg, wie Lerninformationen in dein Chefzimmer gelangen können – und der kann sogar Spaß machen. Das ist übrigens auch der Weg, den Anna benutzt.

Fantasiereise – der direkte Weg ins Langzeitgedächtnis

Für diesen dritten Weg nutzen wir die Tatsache, dass wir zwei Gehirnhälften haben. Ähnlich wie eine Walnuss ist auch unser Gehirn in zwei Hälften unterteilt, die völlig unterschiedlich denken und arbeiten. (Diese Hälften nennt man übrigens »Hemisphären«.)

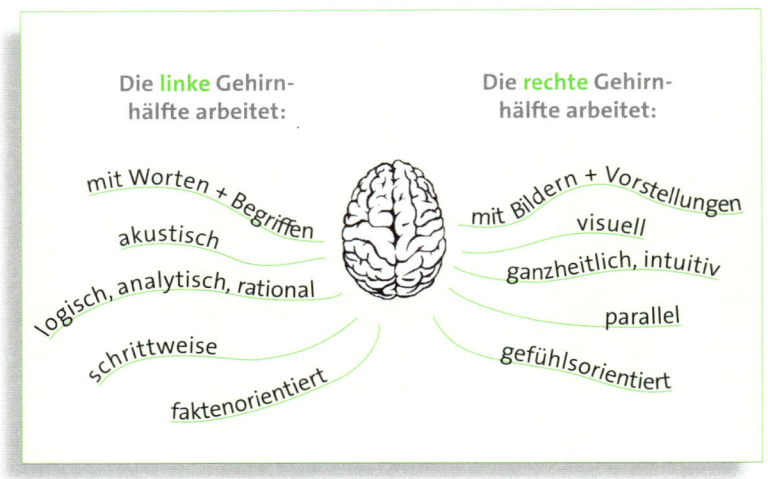

Die **linke** Gehirn-
hälfte arbeitet:

Die **rechte** Gehirn-
hälfte arbeitet:

mit Worten + Begriffen

akustisch

logisch, analytisch, rational

schrittweise

faktenorientiert

mit Bildern + Vorstellungen

visuell

ganzheitlich, intuitiv

parallel

gefühlsorientiert

Am besten funktioniert unser Gehirn, wenn wir beide Arbeitsweisen kombinieren, wenn also beide Gehirnhälften gleichzeitig aktiviert werden (logisch, oder?). Das geschieht durch Worte, Begriffe oder Zusammenhänge einerseits und durch Bilder, Emotionen und Erlebnisse andererseits. Wenn deinem Gehirn zu einem Begriff, den es lernen soll, gleichzeitig ein passendes Bild geliefert wird, kann es diesen sofort speichern. Am besten erweitern wir an dieser Stelle unser Bild vom Vorzimmer. Streng genommen hat nämlich jede Gehirnhälfte ein eigenes Vorzimmer, eines rechts und eines links. Die beiden Sekretärinnen stehen telefonisch miteinander in Verbindung. Erscheint nun im linken Vorzimmer der Begriff »Ball«, während im rechten Vorzimmer das Bild von einem Ball präsentiert wird, so können die beiden Sekretärinnen schnell feststellen, dass Begriff und Bild zusammenpassen, und die Information ins Chefzimmer durchlassen.

Alles klar? »Pah«, mag jetzt dein Schweinehund einwenden, »das ist doch was für Kleinkinder. Wer muss denn in der Schule noch lernen, dass ein Ball ein Ball ist?« Niemand natürlich. Aber das Prinzip gilt für einfache Lerninhalte ganz genauso wie für komplizierte. Ebenso, wie du als Kleinkind einmal gelernt hast, dass ein Ball ein Ball ist, merkst du dir heute auf die gleiche Weise viel einfacher etwas, wenn du nicht nur einen abstrakten Begriff, sondern auch ein Bild dazu siehst. Wann immer es gelingt, den Lernstoff in Bilder zu verwandeln, ist der Weg ins Langzeitgedächtnis viel schneller und leichter. Und nur darum geht es.

Lass uns mal einen kleinen Test machen. Am besten suchst du dir dafür jemanden, der dir assistiert, dann klappt es besser als alleine. Unten findest du zwanzig Begriffe. Bitte deinen Assistenten, dir diese zwanzig Begriffe nacheinander vorzulesen, während du versuchst, sie dir zu merken. Wenn

Fahrrad	Strandbar
Trompete	Krokodil
Bäckerladen	Liebeskummer
Fußballspiel	Top-Ten-Hit
Kugelschreiber	Flugzeug
Strumpfhose	Castingshow
Autotür	Schulbus
Oma	Handballweltmeisterschaft
Lichterkette	Osterhase
Tasse Kakao	Trampolin

du alle Begriffe gehört hast, warte eine Weile – ungefähr ein bis zwei Minuten – und schreibe dann alle Begriffe auf, die dir noch einfallen.

Nun, wie hat's geklappt? Falls du nur fünf oder zehn Begriffe auf deinem Zettel stehen hast: keine Panik! Damit liegst du gut im Schnitt (wenn du dich an mehr als zehn erinnern kannst: alle Achtung!), was das »normale« Lernen angeht. Aber wir wollen ja nun den Merkturbo einschalten. Damit wirst du dir alle zwanzig Begriffe auf einmal merken können, und zwar ganz leicht.

Annas Trick

Als Anna diese Liste mit Meike geübt hat, hat sie ihr einen tollen Trick gezeigt, wie Meike sich die zwanzig Begriffe ganz einfach merken konnte. Sie hat ihr nicht einfach alle Wörter nacheinander vorgelesen – sie hat ihr eine Geschichte erzählt. Und die ging so:

An einem Montagmorgen fährst wie immer früh von zu Hause los. [1. Begriff: Fahrrad] Du hast am Wochenende ein neues **Fahrrad** bekommen. Es ist schwarz, hat ganz tolle, rosagepunktete Reifen, einen vergoldeten Sattel, und auf dem Lenker sitzt ein großer Teddybär, der dir fast die Sicht nimmt.

[2. Begriff: Trompete] Gleich nach der ersten Kurve drückt dir ein Straßenmusikant eine blaue **Trompete** in die Hand. Du bedankst dich, und während du weiterfährst, bläst du kräftig in die Trompete hinein. Zu deiner eigenen Überraschung kommen erst mal schöne Klänge heraus, aber während du weiterfährst, kühlt der Fahrtwind die Trompete immer mehr ab, sie wird kalt und kälter, das Mundstück an deinen Lippen ist ganz eisig, und die Töne frieren langsam ein. Schließlich bekommst du keinen einzigen Ton mehr heraus.

[3. Begriff: Bäckerladen] Du bremst vor einem **Bäckerladen**, gehst hinein und stellst die Trompete, die dir jetzt nichts mehr nützt, in die Auslage. Im Bäckerladen riecht es nach frischem Brot, nach Kuchen und Brötchen. Sofort bekommst du Appetit auf frische Brezeln. Da trifft es sich gut, dass hinterm Tresen der Bäckermeister steht. Er hat eine große Brezel um den Hals.

[4. Begriff: Fußballspiel] Du fragst ihn, ob er mit zum **Fußballspiel** gehen will, und er kommt mit. Am Fußballplatz angekommen, stellt sich der Bäcker – immer noch mit der großen Brezel um den Hals – ins Tor, während du einen Elfmeter nach dem anderen versenkst.

[5. Begriff: Kugelschreiber] Plötzlich aber hat der Bäckermeister einen großen **Kugelschreiber** in der Hand, er ist beinahe einen Meter groß und hat eine besonders scharfe Spitze. Den nächsten Elfmeter wehrt der Bäcker mit der Spitze des Kugelschreibers ab, der Ball platzt mit einem lauten Knall.

[6. Begriff: Strumpfhose] Enttäuscht darüber, dass kein Ball mehr da ist, nimmst du eine **Strumpfhose**, sie ist rosa mit silbernen Streifen und schwarzen Pailletten. Du bindest sie um den Kugelschreiber, der inzwischen zwei Meter groß ist, steckst den Kugelschreiber samt Strumpfhose ins Fußballfeld und lässt die Strumpfhose im Wind flattern.

[7. Begriff: Autotür] Neben dem Fußballplatz steht das

Auto deines Vaters. Die **Autotür** ist heute gelb angestrichen mit einem roten Karomuster. Du knotest die Strumpfhose an den Türgriff der Fahrertür, spannst die Strumpfhose über das ganze Autodach und bindest sie schließlich an der Beifahrertür fest, sodass beide Türen nicht mehr aufgehen.

[8. Begriff: Oma] Du lachst dich gerade halb krank über deinen tollen Streich, da kommt plötzlich deine **Oma** und schimpft dich lautstark aus.

[9. Begriff: Lichterkette] Sie hat einen blauen Zylinder auf und ein pinkfarbenes Sakko an. In der rechten Hand hält sie eine Kerze, und da taucht neben ihr auch schon Opa auf. Auch er hat eine brennende Kerze in der Hand, du willst gerade anfangen, dich darüber zu wundern, da entdeckst du, dass hinter deinem Opa noch ganz viele Menschen stehen, alle mit einer brennenden Kerze in der rechten Hand. Zusammen bilden sie eine **Lichterkette**.

[10. Begriff: Tasse Kakao] Du gehst die ganze lange Kette ab, der letzte aber hat in der rechten Hand die Kerze und links eine große **Tasse Kakao**. Die Tasse ist so groß wie ein Küchentopf, in leuchtenden Buchstaben steht auf schwarzem Grund »Kakao«. Du schaust in den Topf und siehst, dass er randvoll ist. Du steckst die Zunge hinein und verziehst sofort das Gesicht, denn statt nach süßem Kakao schmeckt das, was du trinkst, ganz bitter.

[11. Begriff: Strandbar] Trotzdem nimmst du die Tasse und rennst zum nahegelegenen Strand. Dort steht ein grünes gestreiftes Häuschen mit einer großen, blinkenden Leuchtreklame: Bar. Das ist also die **Strandbar**. Dort stellst du den Kakao, der dir nicht schmeckt, auf den Tresen.

[12. Begriff: Krokodil] Gerade willst du Limonade bestellen, da stellst du mit Schrecken fest: Der Barmann ist ein grünes **Krokodil**. Er steht auf seinem Schwanz, hält sich am Tresen fest und hat rote Augen und rote Zähne. Du hast große Angst, doch da siehst du, dass dem Krokodil große Tränen herunterlaufen.

[13. Begriff: Liebeskummer] Das Krokodil hebt ein rotes Herz hoch, zerbricht es und sagt mit tränenerstickter Stimme: Ich habe **Liebeskummer**. Na, wer kann das nicht verstehen?

[14. Begriff: Top-Ten-Hit] Doch du hast ein Trostpflaster dabei: Du nimmst deinen iPod, auf dem du einen aktuellen **Top-Ten-Hit** gespeichert hast, steckst dem Krokodil die Stöpsel in die Ohren und sagst: »Das beste Mittel gegen Liebeskummer ist ein Top-Ten-Hit«, und ihr summt zusammen die Melodie deines aktuellen Lieblingshits mit.

[15. Begriff: Flugzeug] Urplötzlich landet ein **Flugzeug** am Strand. Es ist rot angestrichen, hat vorne einen großen Propeller und kommt laut brummend zum Stehen.

[16. Begriff: Castingshow] Du steigst sofort ein, und während ihr startet, sagt dir der Pilot, du seist zu einer **Castingshow** eingeladen. Du landest direkt vorm Gebäude, in dem die Castingshow stattfinden soll, doch auf einem großen Schild am Tor steht nur: »Zu spät!«. Die Show ist schon vorbei.

[17. Begriff: Schulbus] Glücklicherweise entdeckst du direkt neben dem Gebäude den **Schulbus**, lila angestrichen und mit großen roten Warntafeln versehen.

[18. Begriff: Handballweltmeisterschaft] Du willst gerade einsteigen, da merkst du, dass drinnen lauter Handballspieler sind, die sich alle um ein einziges Tor drängen, um einen Strafstoß auszuführen. Jeder will zuerst werfen und sie rufen wild in allen möglichen Sprachen durcheinander. Im Bus findet offenbar gerade die **Handballweltmeisterschaft** statt.

[19. Begriff: Osterhase] Erschrocken drehst du dich um, hinter dir steht grinsend ein **Osterhase**. Er trägt ein Handballtrikot in der Hand und einen Fanschal um den Hals, bläst in seine Tröte und sagt: Komm mit, wir holen uns den Pokal.

[20. Begriff: Trampolin] Er nimmt dich an der Hand und springt mit dir auf einem **Trampolin** drei Meter in die Höhe. Als du wieder landest, ist die Geschichte zu Ende.

Völlig verrückt, diese Geschichte? Na klar – und genau das ist der Trick dabei! Je stärker die Bilder sind, mit denen du eine Information verknüpfst, desto besser kannst du sie dir merken. Und was macht ein »starkes Bild« aus? Bilder, die dein Gehirn wirklich beeindrucken, die so schräg und unwahrscheinlich sind, dass deine Gehirnhälften-Sekretärinnen sich vor Lachen kringeln, damit sie die Information am besten direkt zum Chef durchlassen. Was im Einzelnen zu einem starken Bild gehört, kannst du dir übrigens mit der

F Farbe
U Ungewöhnlich
S Sinne
E Einzelheiten
L Laufend

sogenannten »FUSEL-Formel« merken: **F** wie Farbe, **U** wie Ungewöhnlich, **S** wie Sinne, **E** wie Einzelheiten und **L** wie Laufend. Was heißt das genau?

Farbe: Farbige Bilder haben auf das Gehirn eine stärkere Wirkung als Bilder in schwarz-weiß. Dein Gehirn arbeitet selbst schließlich auch in Farbe (oder kennst du jemanden, der schwarz-weiß träumt?). Also versuche dir bewusst bei allem, was du dir merken willst, ganz kräftige, auffällige Farben vorzustellen.

Ungewöhnlich: Nur das Ungewöhnliche beeindruckt das Gehirn. Das Gewöhnliche wird ausgeblendet und übersehen. Von 100 Mäusen merkst du dir nicht die 99 grauen, sondern die eine rosafarbene, weil rosafarbene Mäuse nun mal ungewöhnlich und damit merkwürdig sind. Das kannst du übrigens wörtlich nehmen: Nur das Merkwürdige ist »merk-würdig«. Genau so funktioniert auch die Werbung. Anzeigen oder Werbespots bleiben uns dann am besten im Gedächtnis, wenn sie ein wenig verrückt, bizarr oder eben ungewöhnlich daherkommen. Lila Kühe gibt es in echt ja auch nicht, oder? Trotzdem kennt sie jeder. Also, du brauchst deiner Fantasie keine Grenzen zu setzen. Da kann der Füller gerne mal zwei Meter groß sein, das Krokodil hinter der Theke stehen, in einem Bus eine Weltmeisterschaft stattfinden: je verrückter, desto besser. Hauptsache, du hast deinen Spaß daran.

Sinne: Je mehr Sinne aktiviert werden (und sei es auch nur in deiner Vorstellung), desto intensiver ist der Eindruck auf die Gehirnzellen. Versuche daher, zusätzlich zu dem Bild in deinem Kopf noch weitere Sinneswahrnehmungen einzubauen, ein Geräusch oder einen Geruch, einen Geschmack oder ein Gefühl. So wie die Klänge der blauen Trompete und das eisige Mundstück, der Duft im Bäckerladen oder der Geschmack des Kakaos. Dabei musst du in dein Fantasiebild nicht alle Sinne gleichzeitig einbauen, ein oder zwei reichen meistens.

Einzelheiten: Je mehr Einzelheiten du dir von dem ausmalst, was du dir merken willst, umso besser. Daher fährst du in der Geschichte nicht einfach nur auf einem Fahrrad, sondern du stellst dir auch alle Details vor, die Reifen, den Sattel und den Teddybären auf dem Lenker.

Laufend: Bring die Bilder in deinem Kopf zum Laufen und mache aus all den verrückten Einzelbildern einen Film. Bewegung ist gewissermaßen der Klebstoff im Gehirn. Denn bewegte Bilder machen auf das Gehirn einen viel stärkeren Eindruck als unbewegte. Daher hat auch ein Fernsehspot eine viel größere Wirkung als eine Anzeigenseite in einer Zeitschrift.

Du siehst, wie viele Arten es gibt, das Gehirn zu beeindrucken. Natürlich musst du nicht bei jedem Bild, das du dir überlegst, jeden einzelnen Punkt aus der FUSEL-Formel mit einbauen. Aber je mehr es sind, desto besser und stärker wird dein Bild. Und je mehr du dich darin übst, desto schneller wirst du es anwenden. Schon nach kurzer Zeit sitzt du in der Klasse und stellst fest, wie dein Kopf ganz von selbst zu dem, was du neu lernen sollst, die verrücktesten Bilder und Eselsbrücken hervorzaubert. Und das kann neben dem Nutzeffekt für den Lernvorgang sogar ziemlich viel Spaß machen.

Na schön, wird dein Schweinehund dir jetzt vielleicht einflüstern, ist ja toll, wenn du dir so leichte Begriffe wie Trompete, Krokodil oder Weltmeisterschaft mithilfe von verrückten Geschichten merken kannst. Aber du musst doch oft für die Schule richtig schwierige Wörter lernen oder Definitionen von Begriffen, unter denen du dir überhaupt nichts vorstellen kannst. Wie soll das denn dann gehen?

Ganz genau so. Solche Merktechniken wie die Bildergeschichten funktionieren sehr gut für beinahe jede Art von Lernstoff. Nehmen wir dafür mal so ein richtig schweres Beispiel: Eine der kompliziertesten Definitionen, die es gibt, ist das Wort »Gewerbe«. Die meisten Menschen haben nicht einmal eine genaue Vorstellung davon, was ein Gewerbe überhaupt ist. Und die offizielle Definition, die zum Beispiel Oberstufenschüler im Wirtschaftskurs oder Studenten lernen müssen, macht das auch nicht verständlicher – die geht nämlich so:

»Ein Gewerbe ist eine nach außen gerichtete, erlaubte, für eine gewisse Zeit, planmäßig und selbstständig ausgeübte Tätigkeit mit Gewinnerzielungsabsicht, mittels kaufmännischer und technischer Fähigkeiten, die nicht wissenschaftlicher, freiberuflicher oder künstlerischer Natur ist.«

Alles klar? Keine Sorge – solch eine schwierige Definition kann man gar nicht auf den ersten Blick verstehen, geschweige denn behalten. Tun wir aber jetzt mal so, als müsstest du sie für die Schule lernen. Wenn du sie dir auf die herkömmliche Art »reinpaukst«, brauchst du sicher zehn bis zwanzig Wiederholungen, bis die

Definition richtig sitzt. Und wahrscheinlich hast du sie nach kurzer Zeit schon wieder vergessen.

Mit der Bildertechnik machen wir es uns viel leichter und teilen die Bandwurmdefinition in viele kleine Abschnitte auf, für die wir uns jeweils ein Bild vorstellen. Zum Beispiel so: Für ein Gewerbe denken wir an einen Laden. Für nach außen gerichtet stellst du dir vor, dass du vor dem Schaufenster stehst. Erlaubt merkst du dir mit einer grünen Lampe, die über der Tür leuchtet. Dann betrittst du den Raum und siehst neben der Tür eine Uhr hängen – die steht für den Satz für gewisse Zeit ausgeübt – und daneben einen großen Jahresplaner an der Wand, damit merken wir uns planmäßig.

Bei selbstständig denken wir an ein kleines Kind, das noch ein bisschen wackelig zum ersten Mal allein auf seinen beiden Beinen steht. Gewinnerzielungsabsicht heißt, dass man mit seinem Geschäft schließlich auch Geld verdienen möchte. Also denken wir an eine große Kasse, aus der viele Geldscheine quellen. Als Nächstes brauchen wir ein Bild für kaufmännische und technische Fähigkeiten. Das können wir uns zum Beispiel so vorstellen: Neben der Kasse steht ein Mann mit einem Bauchladen, der in den Händen zwei technische Geräte hält, zum Beispiel einen Zirkel und ein Fernrohr.

Fast geschafft – jetzt kommt zum Schluss noch, was alles nicht zum Gewerbe gehört, weil es wissenschaftlicher, freiberuflicher oder künstlerischer Natur ist. Dafür stellst du dir vor, dass du den Laden nun durch die Hintertür verlässt. Draußen vor der Tür sind die, die nicht in den Laden reingehören: Da ist ein Professor mit Brille und langem Bart, der etwas durch ein Mikroskop untersucht, also ein Wissen-

schaftler. Daneben sitzen ein Rechtsanwalt in schwarzer Robe und eine Ärztin im weißen Kittel. Sie sind gefesselt, ihre Füße sind mit einer dicken Eisenkette aneinandergebunden. Der Anwalt schneidet mit einem großen Bolzenschneider die Kette entzwei und befreit die Ärztin und sich selbst. Mit dieser »Befreiungsaktion« kannst du dir die Gruppe der **Freiberufler** merken. Und schließlich steht da noch ein Mensch vor einer Staffelei, der einen Pinsel in der einen und eine Trompete in der anderen Hand hält: Das ist der **Künstler**.

Das war's – statt einem komplizierten Satzungetüm voller unverständlicher Ausdrücke haben wir nun eine Bilderkette, die wir uns prima merken können. Wichtig ist auch hier wieder, dass du dir starke Bilder suchst, die du dir gut vorstellen kannst. Und zum Glück sind die meisten Definitionen, die du für die Schule lernen musst, wesentlich kürzer und einfacher. Die Technik aber ist die gleiche.

Das Geheimnis der Wissensnetze

Erinnerst du dich, was wir im Kapitel »Lernmotivation« zum Ändern der Gewohnheiten festgestellt hatten? Aller Anfang ist schwer – aber dann wird's immer leichter. Das Gleiche gilt auch beim Lernen. Wenn du etwas ganz Neues lernen sollst, zum Beispiel mit einem neuen Schulfach anfängst oder eine neue Rechenart lernst, dann fällt dir das zu Anfang meist schwer. Doch je mehr du in dem neuen Lerngebiet weißt, umso leichter fällt dir das weitere Lernen. Du brauchst dann immer weniger Zeit zum Lernen, kannst dir also mehr Wissen in weniger Zeit aneignen. Klingt gut, oder? Und ist

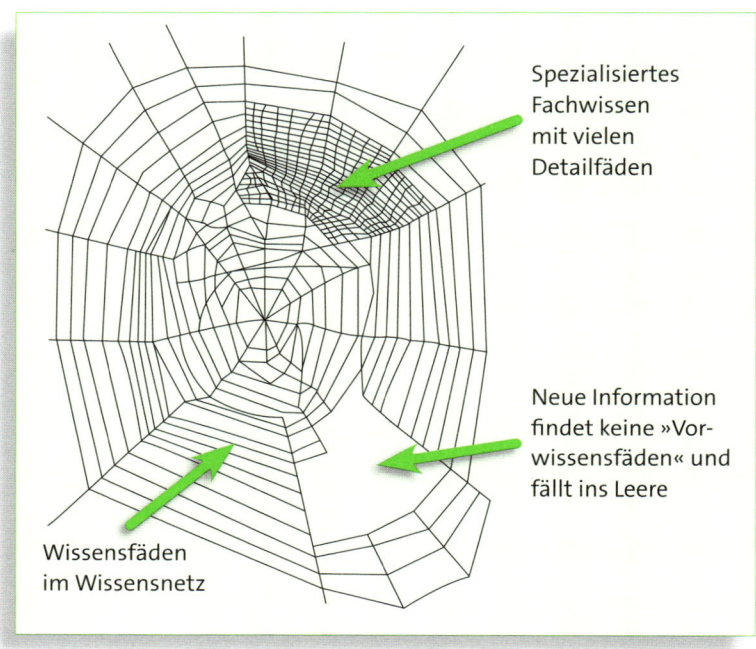

Spezialisiertes Fachwissen mit vielen Detailfäden

Neue Information findet keine »Vorwissensfäden« und fällt ins Leere

Wissensfäden im Wissensnetz

sogar wissenschaftlich bewiesen. Gehirnforscher haben ein Bild dafür gefunden, warum das so ist:

Neues Wissen entsteht in unserem Gehirn ganz ähnlich wie ein Spinnennetz. So wie eine Spinne ihre neuen Fäden an den alten festknüpft, müssen auch in unserem Kopf alle neuen Informationen an schon vorhandenen Wissensfäden festgeknüpft, also ins Netz eingewoben werden. Dabei wirken diese Wissensfäden wie Magneten und ziehen neue passende Informationen geradezu an.

Je mehr Wissensfäden das Netz also hat, an die sich neue Informationen dranhängen können, desto leichter fällt das Lernen. Je mehr wir zu einem Thema bereits wissen, desto mehr Verknüpfungen sind im Gehirn möglich. Wer sich in einem Fachbereich spezialisiert hat, wird an dieser Stelle viele feine Detailfäden im Wissensnetz gebildet haben. Mit anderen Worten: Je mehr passende Wissensfäden vorhanden sind, desto schneller bleibt eine Information im Langzeitgedächtnis hängen. Wenn wir dagegen an einer bestimmten Stelle im Wissensnetz noch nicht genügend Vorwissen haben, dann finden sich dort auch keine Wissensfäden, an denen sich neue Informationen »festhalten« können und sie fallen gewissermaßen ins Leere.

Wenn wir also behaupten, wir könnten uns neuen Stoff nicht merken, so heißt das eigentlich nur, dass wir noch nicht die nötigen Wissensfäden gebildet haben. Die Information gelangt dann eben nicht ins Langzeitgedächtnis und wird erst mal wieder gelöscht. Und was dann? Genau hier greift unser FUSEL-Trick mit den starken Bildern. Mit ihnen bildest du Hilfsfäden im Wissensnetz, an denen sich neue Informationen festhalten können. Denk noch mal an die Gehirnsekretärinnen. Eine unbekannte Information wird erst einmal wieder mehrfach aus dem Vorzimmer geschickt – du vergisst sie wieder und musst sie durch mühsames Wiederholen »einpauken«. Doch wenn sie als verrücktes Bild verkleidet bei den Gehirnsekretärinnen vortanzt, wird sie durchgelassen – das »merk-würdige« Bild merkt sich das Gehirn sofort. Sogenannte »Eselsbrücken« oder Merkhilfen sind übrigens auch nichts anderes als starke Bilder, die du am Anfang als Hilfsfäden benutzt, bis dein Wissensnetz im Kopf genug neue Fäden gebildet hat. Mehr zu diesen Hilfen findest du im Anhang bei den Merktechniken.

Und nun zum Abschluss noch zwei Tipps:

1. »Ich kann es nicht mehr hören!«: Kennst du das, dass jemand aus deiner Familie oder einer deiner Freunde immer und immer wieder die gleiche Geschichte oder den gleichen ollen Witz erzählt? Schon wenn die ersten Worte fallen, hörst du deinen Schweinehund aufjaulen und nur für dich hörbar schreien: »Och nö, schon wieder diese Story!« Wort für Wort könntest du sie mitsprechen, kannst sie echt schon nicht mehr hören. Doch was beim Geschichtenerzählen nervig sein kann, lässt sich beim Lernen clever nutzen. Wie das geht?

Am besten mit einem digitalen Aufnahmegerät (wenn du oder deine Eltern keines haben, tut's auch der gute alte Kassetenrekorder). Sprich deinen Lernstoff auf, speichere die Aufnahme danach auf deinem MP3-Player oder Handy und höre sie dir in den folgenden Tagen immer und immer wieder an – bis du sie wirklich nicht mehr hören kannst. Das ist dann ein gutes Zeichen, denn das bedeutet, dass du das Gehörte dank der ständigen Wiederholung fast hundertprozentig auswendig kannst. Wenn du dabei auch noch verrückte Bilder benutzt, geht das alles natürlich noch viel schneller.

2. Karte für Karte: Eine der bekanntesten und nach wie vor hilfreichsten Techniken neben dem Wiederholen durch Hören ist das Arbeiten mit Karteikarten. Du kennst diese Methode möglicherweise schon vom Vokabellernen. Sie lässt sich aber auf beinahe jeden anderen Lernstoff übertragen. Und so geht's:

Zerlege den Stoff zunächst in kleine Einheiten. Halte dich dabei zum Beispiel an eine Darstellung in deinem Lehrbuch oder an Arbeitsblätter, die ihr im Unterricht bekommen habt. Formuliere dann für jeden einzelnen Schritt eine kurze Frage.

Schreibe nun auf die Vorderseite einer Karteikarte diese Frage und auf der Rückseite die passende Antwort. Dabei kann es helfen, wenn du mit Farben arbeitest, Wichtiges mit Leuchtstift hervorhebst, vielleicht auch kleine Zeichnungen machst – all das unterstützt den Lernerfolg. Bei Vokabeln kommt auf die eine Seite das Fremdwort, auf die andere die deutsche Bedeutung. Diese Karten gibst du nun in einen Karteikasten mit fünf Fächern. Die neuen Karten kommen immer ins vorderste Fach.

Und jetzt geht's los mit der Wiederholung. Nimm den Stapel aus dem ersten Fach und gehe die Karteikarten nach und nach durch. Jede Karte, bei der du die Antwort kennst, wandert ins zweite Fach weiter. Ist die Antwort dagegen ganz oder teilweise falsch, bleibt die Karte im ersten Fach. Vorsicht: Auch wenn dein Schweinehund hier und da flüstert: »Ach komm schon, das war doch jetzt so gut wie richtig, das hast du praktisch schon gewusst« – sei ehrlich zu dir selbst und steck die Karte im Zweifel lieber wieder ins erste Fach. Sonst bringst du dich letztendlich nur selbst um deinen Lernerfolg.

Beim nächsten Mal nimmst du alle Karten aus dem zweiten Fach. Jede richtig beantwortete Karte darf weiter ins dritte Fach, die falschen kommen wieder zurück ins erste Fach. Und so geht es dann von Fach zu Fach weiter: Bei je-

dem Durchgang wandern die richtig beantworteten Karten ein Fach weiter, bis sie schließlich im letzten Fach angekommen sind. Falsch beantwortete Karten kommen dagegen immer wieder ins erste Fach zurück. Alle Karten, die im letzten Fach angekommen sind, kannst du beruhigt aus dem Kasten herausnehmen: Diesen Stoff hast du jetzt sicher und dauerhaft in deinem Langzeitgedächtnis gespeichert.

Die wichtigsten Lerntipps auf einen Blick

- **Wieder-wieder-wiederholen:** *Um Lernstoff richtig im Kopf zu verankern, sind meist fünf bis sieben Wiederholungen nötig. Beginne mit der ersten innerhalb von 24 Stunden, sonst ist das Wissen wieder weg.*

- **Die Kraft beider Gehirnhälften nutzen:** *Verwandele den Lernstoff in starke Bilder, die du kreativ miteinander verknüpfst. Über die Bilder wirst du die Informationen wiederfinden.*

- **Starke Bilder machen:** *Merk-würdige Bilder sind nach der FUSEL-Formel: farbig, ungewöhnlich, möglichst mehrere Sinne ansprechend, mit einprägsamen Einzelheiten und laufend, das heißt bewegt.*

- **Aller Anfang ist schwer:** *Je dichter das Wissensnetz in deinem Gehirn wird, desto schneller und leichter können neue Informationen verankert werden. Lass dir daher am Anfang mehr Zeit und nutze Hilfsfäden und Eselsbrücken.*

- **Bis es zu den Ohren rauskommt:** *Um deinen Lernstoff noch besser im Kopf zu verankern, diktiere ihn dir selbst und höre ihn anschließend so oft wieder an, bis du es nicht mehr hören kannst. Dann sitzt es.*

- **Alles im Kasten:** *Schreibe den Lernstoff in Häppchen aufgeteilt auf Karteikarten und wiederhole ihn damit so lange, bis alle Antworten richtig sitzen. So lernen Profis!*

4. Stressmanagement
Keine Angst vor der Angst

Am Abend vorher konnte Thomas den Ablauf der Fotosynthese noch aus dem Effeff: Aus Kohlendioxid und Wasser wird unter dem Einfluss von Licht Glukose und Sauerstoff. Und erklären konnte er das auch ganz genau. Schließlich ahnte Thomas, was ihm blühte – in Bio war er längst fällig. Zur Sicherheit wiederholte er vor dem Schlafengehen noch einmal die Arbeitsblätter, die sie in der letzten Stunde bekommen hatten. Sogar sein Schweinehund beruhigte ihn: »Mehr kannst du jetzt wirklich nicht machen.«

Tatsächlich kam er in der Biostunde wie erwartet gleich als Erster dran. Doch kaum stand er vorne an der Tafel und sollte unter den Augen der Biolehrerin und seiner ganzen Klasse die Fotosynthese erklären, war alles, was er gelernt hatte, wie weggeblasen. Wie fing es noch mal an – mit Sauerstoff? Oder war es Kohlenstoff? Thomas brach der Schweiß aus. Seine Biolehrerin trommelte schon etwas ungeduldig mit den Fingern und die lieben Mitschüler fingen an zu tuscheln und zu grinsen. Selbst sein Schweinehund zischte hektisch: »Nun los, sag doch endlich was!« Doch Thomas brachte keinen Ton raus, so sehr er auch versuchte, sich zu erinnern.

»Tja, dann setz dich besser mal wieder hin«, sagte seine Lehrerin schließlich. »Schade, du hättest eine gute Note wirklich gut gebrauchen können. Aber dafür muss man eben auch mal was tun.« Wütend schlurfte Thomas zu seinem Platz zurück. Das durfte doch wohl nicht wahr sein. Wo er gestern doch extra noch so lange gelernt hatte. Was war denn bloß los mit ihm?

Was Thomas da in der Biostunde passiert ist (und dir vielleicht auch schon mal?), ist ganz einfach: Es war nichts weiter als Stress oder genau gesagt die Reaktion des Gehirns auf eine besondere Stresssituation. Lernstress und Prüfungsstress kennst du sicher auch nur zu gut, und damit bist du nicht alleine. Für mehr als 80 Prozent aller Jugendlichen ist die Schule der Stressfaktor Nr. 1. An diesem Stress kannst du allein meist nicht viel ändern. Schulnoten, Lernstoff, Prüfungen, Lehrer, Eltern und alles, was sonst noch Druck macht, lässt sich natürlich nicht mal eben abschaffen. Aber dich einfach damit abfinden musst du trotzdem nicht. Denn du kannst lernen, stattdessen selbst etwas zu tun, nämlich besser mit diesem Stress umzugehen. Dazu zeigen wir dir jetzt, was eigentlich in deinem Kopf vorgeht, wenn du unter Stress stehst, und danach erfährst du, welche Möglichkeiten es gibt, damit besser klarzukommen.

Stress und Stress

Stress ist ein ziemlich schillernder Begriff, den heute viele Menschen in ganz unterschiedlichen Situationen verwenden. In der Schule wird dir Stress vor allem in zwei Formen begegnen:

Zum einen als **allgemeiner Lernstress**. Der entsteht vor allem dann, wenn in der Schule viel los ist, typischerweise in den Wochen vor den Ferien. Drei Klassenarbeiten in Mathe, Latein und Deutsch, ein Test in Bio, einer in Erdkunde und dann vielleicht noch Proben für das Schulkonzert oder die Premiere der Theatergruppe. Und schon kommst du vor lauter Lernen kaum noch dazu, mal für ein oder zwei Stunden abzuhängen, die Tür hinter dir zuzuknallen und einfach nur zu dösen. In solchen Situationen bist du wahrscheinlich nervöser als sonst, du machst leichter Schusselfehler, es fällt dir schwer, dich auf eine Sache zu konzentrieren, und wenn dich dann auch noch deine kleine Schwester stört, kann es schon mal sein, dass du ziemlich ausflippst.

Die andere Form ist der konkrete **Prüfungsstress**. Mit dieser Art von Stress hat Thomas in der Geschichte am Anfang dieses Kapitels Bekanntschaft gemacht. Es ist die Nervosität vor oder während der Prüfung. Schlimmstenfalls führt dieser Prüfungsstress dazu, dass deine Denkzentrale, das Gehirn, ihren Dienst total versagt – dann gibt es den sprichwörtlichen »Blackout«.

Für beide Formen von Stress gilt: Es handelt sich dabei um eine völlig normale Reaktion des Körpers. Er antwortet so auf eine länger anhaltende oder plötzliche Überforderung. Du brauchst also keine Befürchtungen zu haben, dass bei dir irgendwas nicht in Ordnung ist, weil du dich schon öfter gestresst gefühlt hast. Stress ist übrigens auch nicht immer schlecht – wie so häufig kommt es auf die Menge an. Bei Medikamenten ist das oft genauso. Viele Mittel sind in größeren Mengen giftig, aber wenn man sich an die Dosierung hält und nur eine ganz kleine Portion einnimmt, dann hilft es einem. Auch die Stoffe, die im Körper die Stressreaktion auslösen, können in kleinen Mengen dazu führen, dass du leistungsfähiger, aufmerksamer und konzentrierter arbeiten kannst. Deshalb schadet es zum Beispiel überhaupt nicht, wenn du vor einer Klassenarbeit ein bisschen aufgeregt bist

– dieses »Lampenfieber« wird dir sogar helfen, gut durch die Prüfung zu kommen.

Aber wie gesagt: Es kommt auf die Menge an. Wie dir die Grafik auf der Seite unten zeigt, ist deine Leistungsfähigkeit bei einem niedrigen Stresslevel sehr gering. Bei einem mittleren Stresslevel dagegen hast du eine hohe Aufnahme- und Leistungsfähigkeit, bist also gerade angespannt genug. Wenn dann aber der Stress noch weiter zunimmt und damit auch die Angst wächst und immer mehr zur Panik wird, nimmt die Leistungsfähigkeit wieder ab, bis sie schließlich bei null ist. Und eines hast du wahrscheinlich selbst schon erlebt: Je größer der Stress, desto bissiger ist dein innerer Schweinehund.

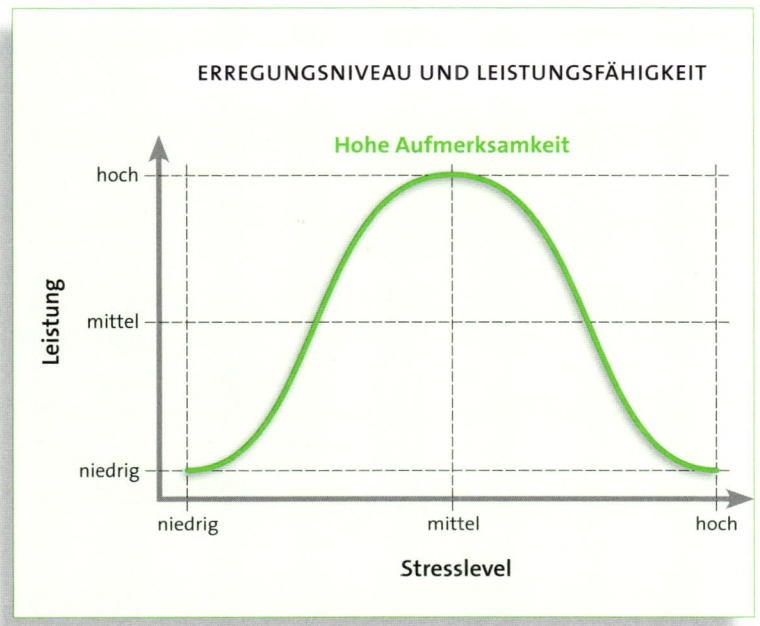

Quelle: nach C. Kläsner, M. Korte, »Gute Noten«, Argon Verlag, 2004, Seite 183

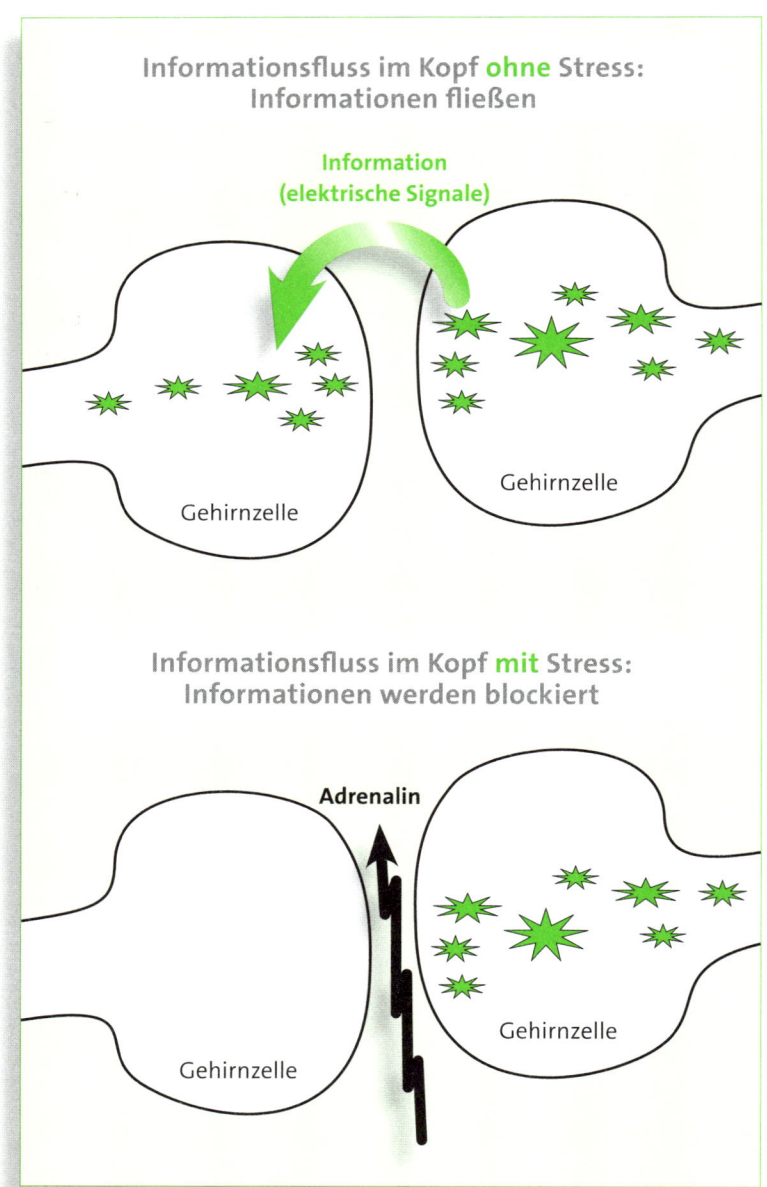

Informationsfluss im Kopf ohne Stress:
Informationen fließen

Information
(elektrische Signale)

Gehirnzelle

Gehirnzelle

Informationsfluss im Kopf mit Stress:
Informationen werden blockiert

Adrenalin

Gehirnzelle

Gehirnzelle

Schauen wir uns mal genauer an, was im Körper abläuft. Erinnerst du dich noch an die »Kopfdrogen« Dopamin und Endorphin, von denen wir im ersten Kapitel (auf Seite 20) gesprochen haben? Diese Botenstoffe, die dein Körper ausschüttet, wenn du auf dem Flow-Pfad bist, wenn du dich wohlfühlst und alles im Griff hast. Auch bei Stress kommen Botenstoffe ins Spiel, und zwar hauptsächlich das Adrenalin. Adrenalin ist eine Art »Kampfhormon«, das ausgeschüttet wird, wenn der Körper vor einer besonderen Herausforderung oder Bedrohung steht. Leistungsdruck, Überforderung und Prüfungssituationen werden dabei häufig als Bedrohung empfunden. Ob das nun eine wirkliche »Gefahr« ist oder nicht, spielt dabei für das Gehirn zunächst keine Rolle: Das bloße Gefühl, der Herausforderung nicht gewachsen zu sein, setzt den Adrenalinkreislauf in Gang. Da dieses Kampfhormon aber dein Denken blockiert, können immer weniger Informationen weitergeleitet werden, je mehr Adrenalin freigesetzt wird. Aber wie macht das Adrenalin das?

Du weißt vielleicht, dass alle Informationen, alle Gedanken, Ideen und Gefühle in deinem Kopf als elektrische Signale erscheinen. Diese elektrischen Informationen flitzen durch deinen Kopf und springen von einer Gehirnzelle zur nächsten über – ähnlich wie ein Blitz bei einem Gewitter. Das, was du als Blitz am Himmel siehst, ist nichts anderes als eine elektrische Ladung, die überspringt (im Fall des Blitzes vom Himmel zur Erde). In deinem Kopf finden jede Sekunde Milliarden solcher Gedankenblitze statt, auch jetzt, während du das liest. Das Adrenalin behindert nun diesen Denkfluss. Es schiebt sich zwischen die Gehirnzellen und versperrt damit den Weg für die elektrischen Signale. Der Informationsfluss in deinem Kopf gerät ins Stocken, dein Denken wird »blockiert«. Das ganze Wissen ist nach wie vor da, aber du kannst es nicht mehr abrufen. Das ist die berühmte »Denkblockade«.

Aber wieso macht unser Körper so was? Spielt uns da die Natur einen ganz gemeinen Streich, dass ausgerechnet dann unsere »Denkzentrale« blockiert, wenn wir sie in einer schwierigen Lage dringend brauchen? Nicht umsonst haben wir Adrenalin als »Kampfhormon« bezeichnet. Wenn dein Körper auf Stressmodus schaltet und Adrenalin ausschüttet, geht er davon aus, dass du dich in Gefahr befindest und ganz schnell, sozusagen automatisch, reagieren musst.

Stell dir vor, du lebst in der Steinzeit und bist auf der Jagd im Wald unterwegs. Plötzlich taucht ein riesiger Bär vor dir auf. Glaubst du, du würdest dann erst mal in aller Ruhe überlegen: »Hmm, der ist sicher über drei Meter groß, der würde einen ordentlichen Braten zum Abendessen abgeben und ein warmes Fell fällt auch noch dabei ab.«? Du hättest sicher noch nicht zu Ende gedacht, da wärst du schon im Magen des Bären gelandet. Nein, du musst natürlich schnell sein und sofort handeln, wenn du entweder den Bären aufspießen oder lieber die Beine in die Hand nehmen willst (falls er dir doch zu groß ist). Damit wir in solchen Situationen so schnell reagieren können, blockiert das Adrenalin unsere Denkzentrale. Heutzutage bedrohen uns zwar meist keine Bären mehr, trotzdem gibt es immer noch Situationen, die uns gefährlich werden können. Zum Beispiel, wenn jemand im Auto unterwegs ist und plötzlich auf Glatteis ins Schleu-

Was mich stresst	Stresslevel 1: total gestresst	Stresslevel 2: ziemlich gestresst	Stresslevel 3: gestresst	Stresslevel 4: kaum gestresst	Stresslevel 5: ganz locker
	1	2	3	4	5

Allgemeiner Lernstress:

- Hausaufgaben alleine machen
- Viele Hausaufgaben auf einmal erledigen
- Für Klassenarbeiten lernen
- Ein Referat vorbereiten
- Die Erwartungen meiner Eltern
- Strenge Lehrer
- Konkurrenzdruck in der Klasse
- Angst, sitzen zu bleiben
- Angst, neuen Stoff nicht zu verstehen
- Vokabeln pauken und wiederholen
- Schlechtes Verhältnis zu Mitschülern
- Zu wenig Pausen und Freizeit

Prüfungsstress:

- Mündlich abgefragt werden
- Referate halten
- Zeitdruck bei Klassenarbeiten und Tests
- Angst, die Aufgabenstellung nicht zu verstehen

Fallen dir noch weitere Dinge ein, die dich beim Lernen und in der Schule stressen? Schreib sie auf:

-
-
-

dern gerät. Auch hier wird der Fahrer nicht lange darüber nachdenken, warum denn gerade hier die Straße nicht gestreut ist oder dass eine Beule im neuen Auto aber gar nicht schön aussehen wird. Vielmehr wird er ohne zu denken blitzschnell und automatisch reagieren.

Erst hinterher kann er das Erlebte bewusst verarbeiten. Also, Adrenalin hat durchaus seinen Sinn, wenn wir uns in echter Gefahr befinden. Leider jedoch nicht in Prüfungssituationen.

Möglich, dass dir der Prüfer ähnlich bedrohlich vorkommt wie der Bär dem Steinzeitmenschen. Doch Aufspießen oder Weglaufen sind in diesem Fall natürlich keine guten Strategien. Für Lern- und Prüfungsstress brauchen wir also eine andere Methode, mit unserer Adrenalinproduktion umzugehen. Und da gibt es in der Tat ein paar sehr einfache, aber wirkungsvolle Möglichkeiten.

Richtig mit Stress umgehen

Auch wenn der Stressablauf im Körper bei allen Menschen grundsätzlich gleich ist, so ist es doch von Mensch zu Mensch ganz verschieden, welche Umstände und Situationen als stressig empfunden werden. Das ist ganz wichtig! Unter Druck am Abend noch ein Referat für den nächsten Tag vorzubereiten, mag für den einen totaler Stress sein, während die andere hier ganz entspannt dabei ist. Einige in deiner Klasse haben vielleicht überhaupt kein Problem damit, an der Tafel zu stehen, während andere lieber eine vierstündige Klassenarbeit schreiben würden, als vorne im Rampenlicht vom Lehrer abgefragt zu werden. Deswegen ist es gut, wenn du dir klarmachst, was dich ganz persönlich stresst, beim Lernen genauso wie in Prüfungssituationen. Dazu hilft dir der Stress-Check auf Seite 99.

»Siehste«, wird jetzt dein Schweinehund vielleicht triumphieren, »genau deswegen halte ich dich ja auch vom Lernen ab. Ich will doch nur, dass du weniger Stress hast.« Aber du weißt ja selbst, dass das nicht die Lösung sein kann. Dein Schweinehund sieht mal wieder nur den aktuellen Stress und glaubt, dir zu helfen, wenn er dich dazu überredet, dem Stress einfach nur auszuweichen, indem du eben nicht lernst. Doch natürlich schiebst du damit das Problem nur vor dir her und machst den Stress umso größer. Dein tierischer kleiner Freund müsste sich allerdings gar nicht so anstrengen, dich vom Lernen abzuhalten, wenn er wüsste, dass es eine ganze Menge wirksamer Mittel gibt, mit dem Stress ein für alle Mal fertig zu werden.

Die besten Anti-Stress-Strategien – Allgemeiner Lernstress

Vorbeugen ist besser als heilen: Dieses altbekannte Sprichwort gilt auch, wenn es um Stress geht. Am besten ist daher natürlich, Stress zu verhindern, ihn also gar nicht erst aufkommen zu lassen. Natürlich lässt sich das nicht immer so einfach machen, denn Stress entsteht nun mal auch aufgrund von Umständen, auf die du nur wenig oder gar keinen Einfluss hast. Umso wichtiger ist es, die Dinge, die du selbst in der Hand hast, zu ändern. So kann es zum Beispiel sein, dass dich bestimmte Situationen in Stress bringen. Vielleicht stresst es dich, dass du jeden Morgen zu knapp dran bist und in drei Minuten zum Schulbus sprinten musst. Oder du vergisst immer mal wieder ein wichtiges Schulbuch und fängst dir deshalb regelmäßig Ermahnungen vom Lehrer ein. Oder geht dir gerade ein bestimmter Mitschüler oder eine Freundin besonders auf den Keks, die vielleicht zur Zeit eine schwierige Phase haben und alle um sie herum mit ihrem Gezicke nerven? In solchen Fällen gilt: Abhilfe schaffen! Steh fünf Minuten früher auf, dann kommst du früher los und brauchst den Spurt nicht. Pack die Schultasche schon am Abend vorher, dann vergisst du nichts. Geh dem Störenfried ein paar Tage oder Wochen aus dem Weg. So sorgst du mit ganz einfachen Mitteln dafür, dass Stress erst gar nicht entsteht.

Terminkalender reduzieren: Bei vielen Schülern sind die Kalender inzwischen so mit Terminen vollgestopft wie bei Topmanagern. Wenn du regelmäßig bis in die Abendstunden hinein am Schreibtisch sitzt, ist es womöglich an der Zeit, ein paar Termine, die nichts mit Lernen zu tun haben, kritisch unter die Lupe zu nehmen und wenn nötig zu streichen. Wo montags Judo und Klavier, dienstags Theatergruppe, mittwochs Orchester, donnerstags Fußball und freitags Geige und Pfadfindertreffen auf dem Programm stehen, braucht es nur noch zwei, drei Klassenarbeiten auf einmal oder ein Fach, das gerade etwas Probleme macht, um eine schöne große Stresslawine auszulösen. Greif dem besser vor und reduziere deinen Plan lieber frühzeitig. Vielleicht musst du dich dann für eine Sportart oder ein Instrument entscheiden, aber du hast letztendlich auch nichts davon, wenn du dir zu viel auflädst und deswegen alles nur halbherzig machst. Wenn du ein paar Termine aus deinem Plan streichst, gewinnst du Zeit, mal ein paar Stunden oder sogar einen Nachmittag pro Woche auszuspannen und die Lernarbeit in schweinehund-verträgliche Einheiten aufzuteilen – und das ist ganz wichtig, um deinen Saboteur und dich auf Dauer bei der Stange zu halten!

Sport treiben und bewegen: Wenn der Körper unter Stress Adrenalin ausschüttet, kannst du nicht mehr klar denken. Was du dagegen noch sehr gut kannst, ist handeln – zum Beispiel weglaufen (sinnvoll, wenn man gerade dem Bären gegenübersteht). In einer Prüfung kannst du natürlich nicht so einfach davonrennen. Aber wenn du beim Lernen merkst, dass der Stress immer größer wird und das Hirn allmählich blockiert, dann kann rennen genau die richtige Lösung sein. Baue regelmäßige Bewegungspausen in deinen Lernplan ein. Ob du dann tatsächlich laufen gehst, Fahrrad fährst oder Fußball spielst, ist völlig egal – Hauptsache, du bewegst dich.

Sollte dein Schweinehund eher vom Typ Stubenhocker sein und die Spielekonsole als bevorzugtes Sportgerät ansehen, musst du ihm natürlich nicht gleich mit der Aussicht auf einen 5-Kilometer-Lauf kommen. Biete ihm stattdessen ein Mini-Bewegungsprogramm an, das sich übrigens auch ganz gut als Pausenfüller bei den Hausaufgaben eignet: Dafür musst du einfach nur vom Schreibtisch aufstehen, das Fenster öffnen und drei bis fünf Minuten lang Arme, Beine, Kopf und Schultern kräftig ausschütteln (am besten nacheinander, sonst wird deinem Schweinehund schwindlig). Alternativ kannst du auch ein paar Minuten hüpfen – mit oder ohne Sprungseil oder auch auf einem Minitrampolin.

Abhängen und chillen: Das ist mit Sicherheit die Antistress-technik, die deinem Schweinehund am besten gefällt – nichts tun! Tatsächlich sind Pausen, also Zeit, in der du dich aus-ruhst, einfach nur abhängst und gar nichts machst, absolut wichtig als Ausgleich für anstrengende Schulstunden, stres-sige Prüfungen und Lernmarathons vor Klassenarbeiten. Ein bisschen problematisch dabei ist höchstens, dass du und dein Schweinehund möglicherweise ziemlich unterschiedliche Vorstellungen davon habt, was man mit dieser Freizeit so machen könnte. Ein idealer freier Nachmittag findet für dei-nen Schweinehund vielleicht in der warmen Ecke unter dei-nem Schreibtisch, gleich neben dem leise surrenden Ventila-tor des Computers statt, während du stundenlang in das neueste Computerspiel vertieft bist. Entspannungstechnisch ist das leider nur für deinen Schweinehund ideal, nicht je-doch für dich, denn der Computer erzeugt seinerseits wieder Stress, auch wenn du das nicht sofort merkst. Ganz ähnlich läuft es beim Fernsehen. Keine Sorge: Du musst natürlich weder darauf noch auf deine Videospiele ganz verzichten. Aber auch hier heißt der Trick »öfter mal abschalten«. Pro-bier doch mal aus, in den freien Zeiten ein bisschen spazie-ren zu gehen, zu lesen oder einfach nur zu dösen. Zu lang-weilig, sagt dein Schweinehund? Dann fang klein an und

Entspannungstechniken

Die folgenden Entspannungstechniken musst du natürlich nicht alle beherrschen. Probier einfach mal aus, welche dir am besten gefällt.

Muskelentspannung Setz dich aufrecht auf einen Stuhl und strecke das rechte Bein waagerecht nach vorn. Ziehe die Fußspitze Richtung Körper. Dabei spannst du alle Muskeln im Bein so fest an, wie du kannst. Du hältst diese Spannung an und zählst langsam bis 10. Dann entspannst du dich wieder (du kannst das Bein dabei locker auf den Boden stellen) und zählst langsam bis 20. Dann wieder das Bein waagrecht nach vorn, anspannen, bis 10 zählen und entspannen. Dasselbe machst du zweimal mit dem linken Bein.

Strecke nun den rechten Arm waagerecht nach vorn, balle die Hand zur Faust, schiebe die Schulter nach vorn und spanne den ganzen Arm an. Wieder die Spannung halten und langsam bis 10 zählen, danach den Arm sinken lassen und entspannen und bis 20 zählen. Wiederholen, dann dasselbe zweimal mit dem linken Arm.

Zum Schluss spannst du den ganzen Körper an: Strecke beide Beine und Arme aus wie ein Hampelmann, zieh die Schultern an die Ohren und schneide eine heftige Grimasse (du kannst zum Beispiel breit grinsen). Dabei auch die Bauch- und Pomuskeln anspannen. Wieder die Spannung halten und langsam bis 10 zählen, entspannen und noch einmal wiederholen.

Gehirnhälften eintakten Klingt offen gesagt wesentlich komplizierter als es ist. Bei vielen Tätigkeiten, mit denen du dich beschäftigst, insbesondere bei Schreibtischarbeit (also bei den Hausaufgaben oder in der Schule), gerät das Zusammenspiel der beiden Gehirnhälften leicht aus dem Takt. Linke und rechte Hälfte deines Gehirns arbeiten dann nicht mehr optimal zusammen. Bei einem Computer würde man vielleicht sagen, dass die Schnittstellen nicht mehr so richtig zueinanderpassen. Mit dieser Übung kannst du deine beiden Gehirnhälften wieder in Gleichtakt bringen:

Lass zuerst deine Augen kreisen. Stell dir vor, du schaust auf eine Acht, die auf die Seite gekippt ist: ∞. Dieser liegenden Acht folgst du nun mit deinen Augen. Dabei bewegen sich aber nur die Augen, nicht der Kopf. Du fährst sozusagen mit den Augen die Form dieser Acht nach. Das machst du etwa eine halbe Minute lang.

Nun stell dich locker hin, winkle das linke Bein und den rechten Arm an und führe den rechten Ellenbogen und das linke Knie in der Mitte zusammen. Dann dasselbe mit linkem Ellenbogen und rechtem Knie. Wiederhole das fünf- bis siebenmal. Der Trick dabei: Da unsere Gehirnhälften die Körperseiten überkreuz ansteuern, werden sie durch diese Bewegungen schnell synchronisiert.

Ausgleichsatmen Setz dich gerade hin. Halte mit dem linken Zeigefinger dein linkes Nasenloch zu und atme tief durch das rechte Nasenloch ein. Nun drückst du mit dem rechten Zeigefinger auch das rechte Nasenloch zu und hältst etwa drei bis sechs Sekunden lang die Luft an. Nimm dann den linken Finger weg und atme durch das linke Nasenloch langsam und vollständig aus.

Und jetzt noch einmal von vorne, nur in anderer Reihenfolge: durch das linke Nasenloch ein- und aus dem rechten wieder ausatmen. Für den Anfang genügt es, wenn du das fünf- bis zehnmal im Wechsel machst. Diese Übung kannst du ruhig mehrmals am Tag wiederholen.

Eine Minute lächeln Zum Schluss noch eine Übung, bei der dein Schweinehund dich womöglich etwas entgeistert anschauen wird – aber da muss er jetzt mal durch. Die Übung selbst ist ganz einfach: Du musst bloß eine Minute lang lächeln. Ja, ganz richtig gelesen. Probier's einfach mal aus, wenn du möchtest, vor dem Spiegel. Möglicherweise sieht das erst mal ziemlich krampfig und idiotisch aus, aber das macht nichts. Schon eine Minute Lächeln (und dazu darfst du auch diese ulkige Grimasse zählen) kann deine Stimmung erheblich verbessern.

Das kommt daher, dass du durch den Einsatz deiner Lachmuskeln deinem Gehirn signalisierst: »Hey, mir geht's grade gut«. Dein Gehirn wirft daraufhin die Produktion der Glückshormone an, die wiederum das »Kampfhormon« Adrenalin neutralisieren. Je mehr Glückshormone du im Körper hast, desto besser und entspannter fühlst du dich. Eine Minute Lächeln genügt, um deine Gemütslage entschieden zu verbessern, empfiehlt die bekannte Lernexpertin Vera F. Birkenbihl. Das wirkt sogar dann, wenn du dich gerade furchtbar über etwas geärgert hast. Vielleicht kommt dein Lächeln dann nicht ganz so überzeugend rüber, aber das macht nichts: Das Signal an das Gehirn funktioniert trotzdem! Auch wenn nach einer Minute die Ursache deines Ärgers nicht verschwunden ist, wird es dir trotzdem schon wesentlich besser gehen. Versuch's einfach mal – und wenn dein Schweinehund merkt, dass es wirkt, grinst er vielleicht sogar zurück.

gewöhne ihn nach und nach daran. Führe ihn zum Beispiel erst einmal nur eine Viertelstunde lang Gassi – mit der Zeit wird er sich damit anfreunden.

Ein weiteres brauchbares Argument, um deinen Saboteur (und vielleicht auch deine Eltern) vom Nutzen solcher Ruhezeiten zu überzeugen, ist, dass du auch in diesen Ruhephasen lernst. Wie schon im letzten Kapitel erwähnt, verfestigt dein Gehirn in den Lernpausen das Wissen, neue Wissensfäden werden geknüpft, das Gelernte wandert vom Kurzzeit- ins Langzeitgedächtnis. Deshalb macht zum Beispiel ein kleines Nickerchen zwischen Schule und Hausaufgaben nicht nur fit für die Lernarbeit, es hilft dir auch, den Stoff vom Vormittag besser abzuspeichern.

Entspannungstechniken: Neben dem reinen »Nichtstun« kannst du in den Ruhepausen auch ganz bewusst entspannen. Dazu gibt es eine Reihe von einfachen Entspannungstechniken, die dir dabei helfen, innerhalb kurzer Zeit zu relaxen. Manche davon kannst du sogar in einer kurzen Pause in der Schule machen – das merken deine Klassenkameraden nicht mal. Eine Auswahl findest du im Kasten auf Seite 105 und 106.

Einfach mal drüber reden: Auch das kann helfen – über die Dinge, die dich nerven und stressen, mit den Eltern, der besten Freundin, dem besten Freund oder vielleicht sogar mit einem Lehrer, den du gerne magst und dem du vertraust, zu sprechen. Manchmal kann man dabei feststellen, dass die anderen ganz ähnliche Probleme haben. Das beseitigt zwar die Ursachen noch nicht, aber es macht die Lage oft schon ein bisschen leichter. Außerdem könnt ihr gemeinsam im Gespräch eher eine Lösung finden, denn ein anderer sieht oft Wege, die man selbst nicht mehr erkennt, weil der eigene Schweinehund sie gut versteckt und zugebaut hat.

Adrenalin verdünnen: Das ist wieder eine Technik, bei der dein Schweinehund jubeln wird: Tu etwas, das dir Spaß macht. Egal ob das die Shoppingtour in der Stadt ist, ein Nachmittag im Stadion mit Papa, eine Fahrradtour oder das Lieblingsessen. All das verringert deinen Stress. Wie das? Immer, wenn du etwas tust, das dir Spaß macht, dann produziert dein Körper Endorphin, die »Kopfdroge«. Dieses Endorphin bewirkt, dass du dich glücklich und gut fühlst – und weil das Adrenalin dabei natürlich stört, wird es vom Endorphin sozusagen »neutralisiert«. Also praktisch Glück rein – Stress raus. Wann immer du etwas tust, das dir Spaß macht, und dadurch Endorphine entstehen, dann »verdünnen« diese das vorhandene Adrenalin. So hast du im Ergebnis weniger Stresshormone im Körper, und dadurch auch weniger Stress.

Die besten Anti-Stress-Strategien – Vor der Prüfung

Infos einholen: Kümmere dich darum, dass du genau weißt, wann und wo die Prüfung stattfindet und natürlich auch, welche Themen und welcher Stoff drankommen. Wenn dein Lehrer dir keine eindeutigen Antworten auf deine Fragen gibt (das kommt manchmal vor, wenn man sie auf Klassenarbeiten anspricht), dann kann es womöglich helfen, mit dem Buch nach vorne zu gehen und den Lehrer zu bitten, wenigstens die wichtigen Kapitel zu markieren.

Gute Planung: Teile den Stoff in kleine Lernhäppchen auf und verteile ihn auf mehrere Tage, sodass du nicht auf einmal vor einem riesigen Berg stehst. Und natürlich: Fange rechtzeitig an (auch wenn dein Schweinehund dir einflüstert, dass ja noch sooooo viel Zeit ist). Du wirst ihn zum Ausgleich dafür leichter beruhigen können, wenn du auch bei deiner Planung an genügend Pausen und Erholung denkst.

Training: Manchmal kann es helfen, alte Klassenarbeiten oder Klausuren durchzuarbeiten. Du kannst zum Beispiel deine Lehrer nach alten Aufgaben fragen oder auch Mitschüler, die in eine höhere Klasse gehen. Vergiss nicht, bei diesen Probeläufen auf die Zeit zu achten. Ein kleiner Tipp: Wenn du versuchst, bei deinem Training zu Hause mit weniger Zeit auszukommen als du in der Prüfung haben wirst (zum Beispiel nur 50 Minuten, wenn ihr in der Arbeit eine ganze Stunde Zeit habt), dann hast du, wenn's drauf ankommt, mehr Luft.

Schreib dir einen Spickzettel: Hat dein Schweinehund gerade aufgeregt gequiekt? Nun ja, er darf sich wieder beruhigen: Du sollst den Spickzettel nur schreiben, nicht mit in die Prüfung nehmen. Warum? Selbst wenn du ihn mitnehmen würdest (wovon wir dir entschieden abraten): Du würdest

ihn nicht brauchen. Denn wenn man sich den Stoff auf einem Spickzettel zusammengeschrieben hat, hat man ihn in der Regel auch im Kopf – und du kannst dir den Stress, ihn während der Prüfung heimlich zu benutzen, sparen!

Richtige Einstellung: Versuche, negative Gedanken in positive umzuwandeln. Dies machst du, indem du eine Stresssituation neu bewertest. Zum Beispiel die Mathearbeit nächste Woche. Sie steht schon riesig und drohend wie eine schwarze Wand vor dir und deine Angst, schon wieder nicht mit den Aufgaben zurechtzukommen, wächst von Tag zu Tag? Dreh den Spieß um! Male die Wand in Gedanken bunt an und stell dir vor, wie du Stück für Stück an ihr hochkletterst. Sieh die Wand nicht als Hindernis, sondern als Herausforderung, und stell dir vor, wie du schließlich oben stehst und ganz lässig auf der anderen Seite wieder runterspringst. Klar, die Mathearbeit selbst wird dadurch natürlich nicht leichter und es erspart dir nicht, dafür zu lernen. Aber du wirst von vornherein mit besserer Stimmung an die Arbeit herangehen, und dadurch machst du es dir selbst leichter.

Mach dir die Strategie der Spitzensportler zunutze, um dich auf »Sieg« zu programmieren. Vor einem Wettkampf gehen zum Beispiel Läufer in Gedanken die Strecke ab. Das kannst du auch. Stell dir vor, wie du in die Prüfung gehst, wie du die Fragen, die du gestellt bekommst, richtig beantwortest oder wie du während der Klassenarbeit konzentriert an der richtigen Lösung bastelst. Wer in Gedanken vorab den Erfolg durchlebt, kann schwierige Situationen viel

besser meistern. Und schließlich: Hab keine Angst vor der Angst. Etwas Stress ist ganz normal, und du weißt ja, ein wenig Aufregung steigert die Leistungsfähigkeit.

Die besten Anti-Stress-Strategien – In der Prüfung

Atemtechnik nutzen: Stehst du in der Prüfung und merkst trotz guter Vorbereitung, dass du nervös bist, dein Puls rast und das Adrenalin dir in den Kopf schießt, kannst du dich mit einer speziellen Atemtechnik ganz schnell beruhigen. Du brauchst nur ganz tief und langsam in den Bauch einatmen, ein paar Sekunden die Luft anhalten und dann wieder ganz langsam ausatmen. Nach ein paar Sekunden Pause beginnst du von Neuem. Am besten legst du dabei die Hand auf den Bauch, schließt die Augen und spürst, wie dein Bauch beim Einatmen ganz dick und beim Ausatmen wieder flach wird. Während der Prüfung wird das niemand bemerken! Schon nach vier- oder fünfmal Ein- und Ausatmen bist du viel ruhiger und kannst wieder besser denken. Dies ist eine ganz einfache Technik, die von vielen Profis weltweit, Schauspielern, Sängern, Sportlern und so weiter, genutzt wird – die haben nämlich vor ihrem Einsatz auch oft genug Stress!

Gedankenstopp: Wenn dein Schweinehund dir während der Prüfung wieder mit seinen Sabotagesprüchen kommt wie: »Das kannst du nicht. Das schaffst du nicht. Das geht wieder schief!«, dann hau ihm in Gedanken auf den Rüssel und rufe ganz entschieden: »Stopp!« oder »Halt die Klappe!«.

Ermutige dich stattdessen selbst, sage dir: »Klar schaff ich das, ich hab schon ganz andere Prüfungen geschafft, es wird auch heute gut gehen« oder was immer dir einfällt. Wenn dein Schweinehund hartnäckig ist und weiterstänkert, dann nutze wieder die Kraft der Wiederholung: »Ich kann es! Ich schaff es! Ich bin gut!« Dann wird er schon sehen, wer von euch den längeren Atem hat.

Aufgabe genau lesen: Mit das Wichtigste bei einer Prüfung ist, die Aufgabenstellung genau zu erkennen. Denn die meisten Punkte kannst du verlieren, wenn du das Thema verfehlst, und über diesen Fehler wirst du dich im Nachhinein möglicherweise doppelt ärgern, denn er lässt sich leicht vermeiden. Wenn es mehrere Aufgaben gibt, kannst du ruhig mit der einfachsten anfangen, dann hast du schon gleich zu Anfang ein Erfolgserlebnis, das dir Sicherheit gibt.

Notfalls Nervosität oder Blackout zugeben: Wenn du in einer mündlichen Prüfung trotz aller Vorbereitung und Anti-Stress-Techniken doch mal einen Blackout hast: Sag es! Ein guter Prüfer hat dafür Verständnis und wird dir weiterhelfen oder eine Pause machen. Auch Lehrer sind Menschen und wissen selbst, wie man sich in einer Prüfung fühlt. Gedanken lesen können sie allerdings nicht – wenn du also nur hilflos und schweigend Löcher in die Luft starrst, kannst du nicht erwarten, dass dein Prüfer errät, was mit dir los ist.

Behalte die Zeit im Blick: Beiß dich nicht an einer schwierigen Aufgabe fest. Lass sie notfalls erst einmal weg und kehre hinterher, wenn du den Rest gelöst hast und noch genug Zeit hast, zu ihr zurück.

Die wichtigsten Antistress-Tipps auf einen Blick

- **Keine Angst vor Stress:** *Stress ist eine völlig normale Reaktion des Körpers, und eine gewisse Menge an Adrenalin ist sogar ganz gut für deine Leistungsfähigkeit.*

- **Stress checken:** *Überprüfe, welche Dinge dich beim Lernen und in Prüfungen besonders stressen, und vermeide Stresssituationen, wo du kannst.*

- **In die Gänge kommen:** *Sport und Bewegung sind mit die besten Mittel, um Lernstress auszugleichen. Wer sich bewegt, »verbrennt« Adrenalin.*

- **Auch mal Pause machen:** *Achte darauf, dass du regelmäßige Ruhezeiten einplanst. Abhängen und chillen sind ebenso wichtig wie konzentriertes Lernen.*

- **Locker lassen:** *Nutze Entspannungstechniken, um dich während des Lernens, in Prüfungen oder in sonstigen Stresssituationen zu beruhigen und den Kopf wieder frei zu kriegen.*

- **Was Schönes machen:** *Lockere deinen Lernplan mit Aktivitäten und Erlebnissen auf, die dir Spaß machen und deinen Kopf mit Endorphinen füttern. Endorphine sind prima Stresskiller.*

- **Kopf auf Erfolg programmieren:** *Nutze die Kraft des positiven Denkens. Geh deine Prüfung vorher in Gedanken durch und spiel dir selbst im Kopf vor, wie du alles richtig machst. So »programmierst« du dich auf Erfolg.*

- **Langsam machen:** *Bereite dich in Ruhe auf Prüfungen vor und plane genügend Zeit ein.*

- **Durchatmen:** *Wenn dich trotz allem doch einmal der Stress in der Prüfung packt: Ruhig bleiben und notfalls um eine Pause bitten.*

Merktechniken

So wie Anna Meike gezeigt hat, wie sie sich mithilfe einer verrückten Geschichte zwanzig Begriffe spielend merken kann, gibt es noch weitere Techniken, die unserem Gedächtnis helfen, sich Dinge leichter zu merken. Vier Merktechniken wollen wir dir auf den nächsten Seiten einmal kurz vorstellen. Am Ende des Buches findest du zudem noch einige Lesetipps, wenn du mehr über Merktechniken und Gedächtnistraining wissen möchtest.

Falls dir die Beispiele auf den nächsten Seiten vielleicht etwas zu leicht vorkommen sollten: Das ist schon in Ordnung so. Erst einmal geht es nur um die Grundlagen. Im Anschluss daran zeigen wir dir auch noch, wie du die Techniken dann für den richtigen Schulstoff anwenden kannst. Denn wenn du sie einmal gelernt hast, können sie sehr praktisch sein – in der Schule und auch im Alltag.

1. Routentechnik

Die sogenannte Routentechnik benutzt du, um dir Dinge in einer bestimmten Reihenfolge zu merken. Dazu wählst du dir deine ganz persönliche Route, am besten einen Weg, den du gut kennst (zum Beispiel deinen Schulweg). Auf diesem Weg bestimmst du zwanzig Plätze, zwischen denen immer genügend Abstand liegt. Zum Beispiel Nummer **1** das Gartentor, Nummer **2** die Telefonzelle, die gleich an der Ecke steht, Nummer **3** der Blumenladen, Nummer **4** die Bushaltestelle, Nummer **5** der Bahnübergang und so weiter. Schreibe dir diese zwanzig Plätze durchnummeriert auf ein Blatt Papier und wiederhole sie jeden Tag drei bis vier Minuten lang. Nach spätestens einer Woche wirst du diese Plätze wie im Schlaf können. Und selbst wenn dich nachts um drei jemand wecken würde mit der Frage: »Was ist Nummer 17?«, so könntest du wie aus der Pistole geschossen antworten: »Die Tankstelle!« (natürlich nur, falls bei dir Nummer 17 eine Tankstelle ist).

Mit dieser Route hast du dir zwanzig »Speicherplätze« für dein ganzes Leben geschaffen. Wann immer du dir mehrere Sachen auf einmal merken musst, kannst du sie mit den Plätzen auf deiner Route verbinden und sie dadurch ganz leicht wieder abspulen.

Zum Beispiel die Liste mit den zwanzig Begriffen von Seite 75. Mithilfe der Routentechnik kannst du nun als ersten Begriff das Fahrrad auf ganz verrückte Weise mit dem ersten Punkt auf deiner Route (hier ist es das Gartentor) verbinden. Etwa, indem du es oben auf das Gartentor stellst. Oder du lässt das Fahrrad schrumpfen und hängst es an die Torklinke. Vielleicht lässt du es auch mit voller Wucht gegen das Gartentor knallen?

Die blaue Trompete als zweiter Begriff könnte dann, zwei Meter groß, in der Telefonzelle stehen und dein Lieblingslied

spielen. Vor dem Blumenladen hat der Bäcker seine Laden-
theke aufgebaut und liefert sich mit dem Blumenverkäufer
eine wüste Schlacht mit Semmeln und Tulpen. So geht es
immer entlang der Route. Deiner Fantasie sind mal wieder
keine Grenzen gesetzt und je verrückter die Verknüpfungen
sind, desto besser.

Diese Kopfakrobatik kannst du immer wieder üben, alleine, mit deinen Eltern oder Geschwistern, mit Freundinnen
oder Freunden, wenn euch in einer Freistunde langweilig ist.
Mit der Zeit wirst du darin immer besser werden. Gleichzeitig wird dir dieses Training auch helfen, immer merk-würdi-
gere Bilder selbst für abstrakten Schulstoff zu erfinden.

2. Zahlensymbole

Wenn du dir Zahlenreihen merken musst – zum Beispiel
einen Geburtstag, die PIN deines Handys oder auch eine
Jahreszahl aus dem Geschichtsunterricht, dann gibt es auch
dafür eine prima Methode: Du machst einfach aus jeder
Zahl ein Bild und bildest daraus wieder eine verrückte Geschichte. Und das geht so:

Zunächst einmal merkst du dir für jede Zahl von null bis
zehn ein bestimmtes Symbol. Am einfachsten ist es, wenn du
für jede Zahl ein Bild nimmst, das dich an diese Zahl erinnert. Für die Null kannst du zum Beispiel ein Ei nehmen,
weil es die gleiche Form hat, für die Vier einen viereckigen
Koffer, für die Fünf eine Hand, weil die Hand fünf Finger
hat, oder für die Zehn einen Zehn-Euro-Schein, da steht die
richtige Zahl schon drauf. Wichtig ist nur, dass du dir diese

Ei

Kerze

Schwan

Dreizack

Koffer

Hand

Würfel

Sieben Zwerge

Sanduhr

Golfschläger

Zehn Euro

Symbole genau wie bei der Routentechnik einmal festlegst und sie dir dann ein für alle Mal merkst, sodass du immer wieder darauf zurückgreifen kannst. Auf der Seite gegenüber siehst du eine Reihe von Symbolen, die du nehmen könntest.

Diese Bilder verbindest du dann in der Reihenfolge, in der du dir die Zahlen merken willst, zu einer Geschichte. Nehmen wir zum Beispiel an, du willst dir deine Handy-PIN **5 1 7 9** merken. Dafür stellst du dir vor, wie eine Hand (**5**) nach einer Kerze (**1**) greift, diese dann an die Sieben Zwerge (**7**) weiterreicht. Einer der Zwerge nimmt die Kerze und schießt sie mit einem Golfschläger (**9**) weg. Und natürlich gilt auch hier: Je ungewöhnlicher deine Geschichte, die du mit den Zahlen verknüpfst, desto besser wirst du sie dir merken können.

3. Tieralphabet

Genauso wie für Zahlen gibt es auch für Buchstaben eine Methode: das Tieralphabet. Dabei ordnest du jedem Buchstaben des Alphabets ein Tier zu, das mit dem jeweiligen Buchstaben beginnt. (Theoretisch könntest du statt Tieren auch Automarken, Popgruppen oder Charaktere aus Videospielen nehmen, wenn dir genügend einfallen würden. Aber der Sinn dieser Liste ist natürlich, dass du zu jedem Buchstaben des Alphabets einen Begriff hast, der dir vertraut ist und den du dir auch gut vorstellen kannst. Dafür sind die Tiere nun mal am einfachsten, weswegen sich diese Version inzwischen bewährt hat.) Die Liste könnte dann zum Beispiel so aussehen:

N Nashorn

O Ochse

P Pferd

Q Qualle

R Reh

S Schnecke

T Tausendfüßler

U Uhu

V Vogel

W Wolf

X Echse

Y Hyäne

Z Zebra

Echse und Hyäne beginnen zwar nicht mit X und Y, aber sie klingen am Anfang ähnlich, daher können wir sie hier ganz gut als Ersatz benutzen (es sei denn, du kennst ein Tier mit X?). Natürlich kannst du auch hier wieder deine eigenen Tiere nehmen, statt der Schnecke zum Beispiel den Schweinehund für S, statt der Kuh eine Katze – ganz wie du magst.

Für die Umlautbuchstaben Ä, Ö, Ü klebst du in Gedanken dem Affen, dem Ochsen oder dem Uhu einfach zwei große rote Streifen oder Punkte auf den Körper.

Die Tieralphabet-Methode lässt sich prima mit der Zahlen-Methode kombinieren, zum Beispiel wenn du dir Geschichtsdaten oder Formeln einprägen musst. Dazu gleich noch mehr.

4. Wörter zu Bildern machen

Wenn du dir unbekannte Ausdrücke merken willst – Fremdwörter zum Beispiel oder auch Fachbegriffe in Biologie oder Chemie oder eben Vokabeln, dann geht auch das wieder am leichtesten mithilfe von Bildern.

Dabei gehen wir in mehreren Schritten vor: Erst merken wir uns den Ausdruck selbst, als zweites seine Bedeutung und schließlich verbinden wir beides wieder mit möglichst starken Bildern zu einer kleinen Geschichte. Nehmen wir als Beispiel einmal das Wort Prophylaxe (kennst du vielleicht aus der Zahnpastawerbung?), das »vorbeugen« bedeutet.

Zunächst zerlegen wir das Wort in mehrere Teile und suchen nach Wörtern, die ähnlich klingen wie diese Teile und die wir uns gut als Bild merken können. Wie wäre es in unserem Fall mit einem Fußballprofi, der zwei Lachse wie einen Ball in die Luft schießt?

Dann wollen wir uns natürlich merken, was Prophylaxe eigentlich heißt. Dabei geht es erst einmal gar nicht um die Bedeutung an sich, sondern um ein starkes Bild. Nehmen wir also vorbeugen ruhig wörtlich und stellen uns vor, wie wir uns nach vorne lehnen – vielleicht über ein Balkongeländer? – und uns vorbeugen.

Schließlich wollen wir nun noch die deutsche Bezeichnung mit den Bildern verbinden. Dafür stellen wir uns zum Beispiel vor, wie der Fußball**profi** die beiden **Lachse** nach oben kickt und wir uns ganz weit über das Geländer nach vorne **vorbeugen** müssen, um sie zu fangen.

Fremdwort: **Prophylaxe** = **vorbeugen**
Bild: **Profi** + **Lachse** = **vorbeugen**

Nehmen wir noch ein Beispiel. Wie wär's mit Reminiszenz? Das bedeutet Erinnerung.

Erster Schritt: Du teilst das Wort Reminiszenz in kleinere Stücke auf: Re-Mini-Szenz. Dann suchst du dir zu jedem Teil ein Bild. Für Re zum Beispiel ein **Reh**, für Mini einen **Mini**rock und für Szenz nimmst du ein ähnlich klingendes Wort, etwa ein **Cent**-Stück.

Zweiter Schritt: Nun brauchst du ein Bild für die deutsche Bedeutung »Erinnerung«. Das könntest du dir zum Beispiel so vorstellen: Du liegst auf dem Sofa und siehst fern. Es läuft gerade die Sendung »Der große Jahresrückblick« mit Günther Jauch. Du erinnerst dich an das vergangene Jahr.

Dritter Schritt: In der Sendung wird auch an den verrücktesten Film des vergangenen Jahres erinnert: Ein **Reh** springt aus dem Wald auf die Straße. Das Reh trägt einen knallroten **Mini**rock. Es will eben die Straße überqueren, da stolpert es über einen riesigen silbernen Kanaldeckel, auf dem groß und leuchtend »**1 Cent**« steht.

Fremdwort:	**Reminiszenz**	= **Erinnerung**
Bild:	**Reh** + **Mini** + **Cent**-Stück	= **Erinnerung**

Beim ersten Schritt solltest du übrigens am besten noch überhaupt nicht an die Bedeutung des Fremdwortes denken, das du dir merken willst. Die kommt erst bei Schritt 2. Denn auch hier gilt mal wieder: Je schräger und unpasssender das Bild ist, das du findest, desto besser wirst du es dir merken können. Und wenn du schon gleich zu Anfang zu sehr über die Bedeutung nachdenkst, fällt dir vielleicht nicht mehr so viel verrücktes Zeug ein.

Neben ihrer Bedeutung ist auch die Schreibweise von Fremdwörtern nicht immer einfach. Wenn du dir ganz einfach merken willst, auf welche Buchstaben du beim Schreiben von schwierigeren Wörtern achten musst, geht auch das wieder sehr gut mithilfe der Macht der Bilder.

Mach dir dafür als erstes wieder ein Bild für das Wort, dessen Rechtschreibung du dir einprägen willst. Dann bestimmst du, auf welche Buchstaben du bei der Schreibweise besonders achten musst, und wählst für diese Buchstaben die betreffenden Tiere aus deinem Tieralphabet. Schließlich verknüpfst du das Ganze mit dem Bild für das Wort. Wenn du dir dabei merken willst, dass ein bestimmter Buchstabe nicht vorkommt, dann läuft dieses Buchstabentier weg oder es versteckt sich. Nehmen wir als Beispiel noch einmal unsere Prophylaxe.

Erster Schritt: Die deutsche Bezeichnung für Prophylaxe = vorbeugen haben wir uns ja bereits erfolgreich gemerkt. Nun wollen wir ein Bild für die Bedeutung, also für diese Art von »vorbeugen« haben. Wie beugt man zum Beispiel vor, dass man nicht zum Zahnarzt muss? Am besten, indem man sich die Zähne putzt, oder? Also könnte ein gutes Bild für Prophylaxe sein, wie du dir vor dem Spiegel die Zähne putzt.

Zweiter Schritt: Bei der Schreibweise von **Prophylaxe** sind besonders das ph und das x schwierig. Diese Buchstabenfolge **p – h– x** wären dann Pferd – Hase – Echse.

Dritter Schritt: Du stellst dir vor, wie du beim Zähneputzen vor dem Spiegel stehst. Auf der rechten Schulter sitzt ein Pferd, auf der linken ein Hase und in der freien Hand hältst du eine Echse. Um sicherzugehen, dass du die richtige Reihenfolge einhältst, setzt du immer das Tier, das zuerst kommt, auf die rechte Schulter, das nächste dann auf die linke.

Schreibweise: Pro**ph**yla**x**e
Bild: Pferd + Hase + Echse

Jetzt noch ein Wort, das ganz viele Menschen falsch schreiben: **Rhythmus.**

Erster Schritt: Hier könnten wir uns zum Beispiel einen Trommler wählen, der gleichmäßig auf eine Pauke schlägt.

Zweiter Schritt: Die schwierigsten Buchstaben im Wort »Rhythmus« sind das erste h nach dem R, das y und das zweite h nach dem t, denn diese kannst du beim Sprechen des Wortes nicht oder nicht eindeutig hören. Diese Buchstabenfolge **h – y – h** wäre in unserem Tieralphabet **H**ase – H**y**äne – **H**ase.

Dritter Schritt: Also stellen wir uns vor, wie ein Trommler langsam und gleichmäßig auf eine Pauke schlägt und im Takt dazu tanzen nacheinander ein Hase, eine Hyäne und noch ein Hase vorbei.

Schreibweise: R**hyth**mus
Bild: **Hase** + **Hyäne** + **Hase**

Das waren die ganz einfachen Grundlagen zum Kennenlernen der Methoden. Nun zeigen wir dir noch ein paar Beispiele, wie du dir mithilfe dieser Techniken auch Lernstoff aus den verschiedenen Schulfächern leichter merken kannst. Gerade beim Vokabellernen funktionieren diese Methoden sehr gut, aber ebenso auch in Geschichte, Erdkunde, Mathe und anderen Fächern.

Vokabeln

Gibt es etwas Schlimmeres, als Vokabeln zu lernen? Für die meisten ist es wohl eine der lästigsten Aufgaben, die die Schule so mit sich bringt, und dein innerer Schweinehund knurrt wahrscheinlich auch schon, wenn er ans Vokabellernen nur denkt. Mithilfe der Merktechniken kann das lästige

Pauken aber sogar richtig Spaß machen. Wir wenden auch hier wieder die Bildertechnik an und gehen, wie bei den Fremdwörtern schon gezeigt, in drei Schritten vor:

Erstens teilst du die Vokabel in einzelne Wortteile auf und verwandelst diese Teile in Bilder. Dafür suchst du dir deutsche Wörter, die ähnlich klingen. Achte dabei erst einmal nur auf die Aussprache, nicht auf die korrekte Schreibweise. *Dann* verwandelst du auch die deutsche Bedeutung in ein Bild und verknüpfst schließlich alles wieder zu einer Geschichte.

Angenommen, du musst die englische Vokabel **dismiss** = **entlassen** lernen. Dis-miss könntest du dir mit einer **Dis**tel in einem Haufen Kuh**mis**t vorstellen. Ent-lassen kannst du dir zum Beispiel als **En**de eines **Lass**os vorstellen. Dann steckt in deiner Fantasie schließlich eine Distel in einem Haufen Kuhmist fest, während sich um ihren Blütenkopf das Ende eines Lassos schlingt.

Ein Beispiel, unter dem viele Lateinschüler leiden und stöhnen, ist das Verb **appropinquare** = **sich nähern**. Aber auch das ist kein Problem für unsere verrückten Bilder.

Teilen wir zuerst einmal appropinquare in einzelne Silben auf und suchen uns dafür Bilder: Ein **Ap**fel (dem wir noch ein dickes **p** auf die Backe malen, um an das zweite P im Wort zu denken), eine **Ro**se, ein **Pin**guin, für das »qua« denken wir an einen **qua**kenden Frosch und zum Schluss kommt noch ein **Re**h dazu.

Das deutsche Wort **nähern** brauchen wir nicht in Silben teilen, hier können wir uns zum Beispiel zwei Indianer vorstellen, die auf dem Boden robbend langsam näher kommen.

Machen wir nun unsere Geschichte daraus: In einem Apfel mit einem großen P darauf steckt eine Rose, an der ein Pinguin riecht. Auf seinem Rücken sitzt ein quakender Frosch und daneben ein Reh, das eilig wegläuft. Diesem ganzen Geschehen nähern sich auf dem Boden robbend langsam zwei Indianer.

Diese Methode kannst du in sämtlichen Sprachen einsetzen, wo immer du willst, besonders hilfreich ist sie natürlich bei schwierigen und seltenen Wörtern. Praktisch ist es aber auch, wenn du in den Ferien in einem Land bist, dessen Sprache du nicht kannst – dann kannst du dir so ganz schnell ein paar wichtige Wörter merken.

Beispiele aus dem Englischen:

Beispiel 1: **socket** – Steckdose
Für socket denkst du an eine Socke. Die Steckdose kannst du dir direkt so vorstellen. In deiner Merkgeschichte ziehst du dann eine Socke über die Steckdose, um sie abzudecken.

Falls du dir zusätzlich merken musst, dass man socket mit t am Ende schreibt, dann kannst du dir noch vorstellen, dass aus der Socke ein Tausendfüßler rauskrabbelt.

Beispiel 2: **beckon** – winken
In einem Becken sitzt ein Ochse (als Merkhilfe für das o) und winkt.

Beispiel 3: **obey** – gehorchen
Willst du wohl gehorchen, oder ich mach dir Beine.

Beispiele aus dem Französischen:

Beispiel 1: **aller** – gehen
Ich gehe auf der **Alle**e, dort steht ein **R**eh (um das r zu merken).

Beispiel 2: **tomber** – fallen
Tom steigt ins **Be**tt und lässt sich fallen (dort liegt bereits ein **R**eh).

Beispiel 3: **admirer** – bewundern
Ich bewundere den **Admir**al und sein **R**eh.

Beispiele aus dem Lateinischen:

Beispiel 1: **cubare** – liegen
Eine **Ku**h liegt auf der **Bahre**.

Beispiel 2: **fuscus** – dunkel
Plötzlich wird es dunkel, er steigt ihr auf den **Fuß** und gibt ihr einen **Kus**s.

Beispiele aus dem Italienischen:

Beispiel 1: **mangiare** – essen
Nach dem Essen macht ein **Man**n Tai-**Chi** und legt sich auf die B**ahre**.

Beispiel 2: **bordo** – Rand
Er geht zum Rand des Schiffes und fällt über **Bord**. (Alle rufen: **O**h!)

Ganz wichtig: Versuch nicht, es perfekt zu machen – im Gegenteil. Nimm ruhig das erste Bild, das dir spontan einfällt. Erst wenn du dir mit diesem Bild die Vokabel nicht merkst, kannst du nachträglich noch ein besseres suchen. Und natürlich gilt auch hier wieder: Je verrückter und komischer deine Bildergeschichte, umso leichter wirst du sie dir merken.

Länder und Hauptstädte

Viele wissen selbst nach dem Abitur noch nicht, wie die Hauptstädte der 16 Bundesländer in Deutschland heißen. Aber du wirst sicher nicht dazugehören, denn du kennst ja inzwischen die Bildertechnik, mit der du dir genauso natürlich auch Bundesländer mit ihren Hauptstädten merken kannst.

- Fangen wir mit **Bayern** an. Dass die Hauptstadt von Bayern **München** ist, kann sich natürlich jeder ganz einfach mit dem Bild des Fußballvereins und Rekordmeisters FC **Bayern München** merken.

- Für **Baden-Württemberg** und **Stuttgart** stellen wir uns Folgendes vor: Es **badet** der **Wirt** auf einem **Berg** (in einer Badewanne), von dort blickt er auf die **Stut**en im **Gart**en. Brauchst du ein Bild für Stuten? Wie wäre es mit Pferden, die alle eine rosa Schleife in der Mähne haben? Oder wenn dir das besser gefällt: große Pferde mit lauter kleinen Fohlen daneben.

- Bei **Thüringen** und **Erfurt** denken wir daran, wie die

Freundin mit dem **Türring** anklopft, aber niemand macht auf. Dann ist sie ganz traurig, denn **er** ist **fort**.

- **Hessen** und **Wiesbaden** könntest du dir merken mit »Viele **Häschen** gehen auf einer **Wiese baden**«.

- **Rheinland-Pfalz** und **Mainz** merken wir uns zum Beispiel so: Am **Rhein** ist ein Stück **Land**, das mit **Pfählen** abgesteckt ist. Dann kommen die **Mainz**elmännchen und setzen sich darauf.

- Bei **Nordrhein-Westfalen** und **Düsseldorf** stellen wir uns vor, wie ein Mann in den Garten von **Norden rein**kommt und sich nach **Westen** um**fallen** lässt. Alle rufen: Das ist doch **Dussel** aus dem **Dorf**.

Was fällt dir zu den übrigen Bundesländern und ihren Hauptstädten ein?

- Saarland: Saarbrücken

- Niedersachsen: Hannover

- Schleswig-Holstein: Kiel

- Sachsen: Magdeburg

- Brandenburg: Potsdam

- Mecklenburg-Vorpommern: Schwerin

- Sachsen-Anhalt: Dresden

Für Hamburg, Bremen und Berlin brauchen wir natürlich keinen extra Spruch, denn da ist ja die Hauptstadt zugleich das Bundesland.

Genauso funktioniert es auch mit anderen Ländern und deren Hauptstädten:

- **Schweden** und **Stockholm**: Du siehst einen Stock und einen (Gras-)Halm schweben.

- **Niederlande** und **Amsterdam**: In einem niedrigen Lande lebt ein Hamster am Damm.

- **Ungarn** und **Budapest**: Ungern esse ich Butter, die Pest hat.

- **Polen** und **Warschau**: Die Pollen fliegen! Wie wahr, schau!

- **Albanien** und **Tirana**: Auf allen Bahnen laufen die Tyrannen.

Geschichtsdaten

Geschichtsdaten zu lernen, ist für viele mindestens genauso lästig wie Vokabeln zu pauken. Dabei kann Geschichte doch eigentlich sehr spannend sein und eignet sich ganz prima für unsere Methode. Mit unseren Gedächtnistechniken können wir uns auch hier wieder starke Bilder machen. Am besten funktioniert das, wenn du hier die Bildertechnik mit den Zahlensymbolen kombinierst und dir damit ein Ereignis und das Jahr, in dem es stattgefunden hat, merkst.

Probieren wir's mal mit der Entdeckung Amerikas durch **Christoph Kolumbus** im Jahr **1492**:

Denk dir ein mittelalterliches Segelschiff mit roten Kreuzen auf den Segeln, und am Heck steht ganz groß der Name des Kapitäns: *Kolumbus*. Natürlich ist auch Kolumbus selbst an Bord. Er sucht irgendwas, sucht und sucht und entdeckt schließlich eine *amerikanische* Flagge.

Froh geht er mit einer *Kerze* in seine Kabine, stellt sie auf einen *Koffer*, nimmt einen *Golfschläger* heraus und schlägt auf einen *Schwan* ein, der neben ihm sitzt:

1 (*Kerze*) + 4 (*Koffer*) + 9 (*Golfschläger*) + 2 (*Schwan*) = **1492**

Nehmen wir noch ein Beispiel, das etwas jünger ist – wie wär's mit der ersten **Mondlandung**? Die war **1969**.

Für den *Mond* brauchst du sicher kein eigenes Bild. Stell dir dann vor, wie eine Rakete zum Mond hinauffliegt und dort im Mondstaub landet. Die Klappe öffnet sich und ein Astronaut steigt mit einer *Kerze* in der linken Hand heraus. In der rechten Hand hat er einen *Golfschläger*, denn er will auf dem Mond natürlich Golf spielen. Doch statt einem Golfball hat er einen *Würfel* mitgebracht, den schlägt er jetzt weit hinaus ins Weltall und wirft dann den *Golfschläger* in den Mondstaub.

1 (*Kerze*) + 9 (*Golfschläger*) + 6 (*Würfel*) + 9 (*Golfschläger*) = **1969**

Formeln merken

Formeln, zum Beispiel in der Mathematik oder Chemie, gehören für die meisten Schüler zu den schwierigsten Dingen, die man sich in der Schule merken muss, weil sie so theoretisch und schwer vorstellbar sind. Auch wenn du bisher in der Schule noch keine Formeln kennengelernt hast, wollen wir dir kurz zeigen, dass man sich auch diese mithilfe von Bildern viel leichter merken kann. Wenn du dann später im Unterricht auf sie triffst, werden sie dich schon nicht mehr schocken können! Für die Zahlen von eins bis zehn nimmst du wieder die Zahlentechnik. Für die Buchstaben kommt uns nun auch das Tieralphabet wieder zugute.

Die mathematischen Zeichen wie Plus, Minus, Ist gleich, Mal oder Geteilt durch stellen wir uns auch wieder am besten bildlich vor, zum Beispiel so, wie es der Gedächtnistrainer Oliver Geisselhart vorschlägt:

Plus heißt immer, dass etwas mehr wird. Also merkst du dir bei einem Plus das Bild »hier kommt jemand dazu«.

Minus bedeutet umgekehrt, dass etwas weniger wird. Also denken wir uns bei Minus »hier geht einer weg«.

Das Gleichheitszeichen stellen wir uns vor wie zwei Skier, die jemand nebeneinander über einen Bach gelegt hat. Mit dem Bach merkst du dir, dass es zwei Seiten in der Formel gibt, und kannst die Einzelteile der Formel besser der richtigen Seite zuordnen.

Beim Multiplizieren nehmen wir das »Mal-nehmen« wörtlich und stellen uns vor, dass etwas gemalt wird.

Und beim Teilen stellen wir uns den Bruchstrich wie eine

Tischplatte vor. Wenn dir das besser gefällt, kannst du dir zum Beispiel auch vorstellen, dass etwas mit einem Schwert zerteilt wird. Auf Formeln angewendet sieht das dann ungefähr so aus?

- **a + b**

  Ein Affe (a) sitzt unter einem Baum, da kommt (+) ein Bär (b) hinzu und setzt sich neben ihn.

- **a − c**

  Der Affe sitzt unter dem Baum, doch er ist allein, denn das Chamäleon ist weggegangen.

- **a + b = c**

  Ein Affe sitzt unter einem Baum, hinzu kommt ein Bär. Am andern Ufer des Baches, über dem ein Paar Skier liegt, steht ein Chamäleon und guckt die beiden traurig an.

- **a × b**

  Ein Affe malt einen Bären.

- $\frac{b}{c}$

  Der Bär sitzt auf dem Tisch, unter dem Tisch hockt das Chamäleon.

Bei schwierigeren Formeln gibt es zudem auch noch hochgestellte Zahlen. Was da so furchtbar kompliziert aussieht, ist in Bildersprache übersetzt schon gleich viel leichter: Bei Potenzen sitzt das Symbol für die Potenzzahl dem Buchstaben-Tier auf der Schulter. Für b^2 hat also zum Beispiel der Bär einen Schwan auf der Schulter.

Nehmen wir nun noch eine Formel, auf die du in der Geometrie garantiert irgendwann treffen wirst: den sogenannten »Satz des Pythagoras«. Die Formel lautet **a² + b² = c²** und merken kannst du sie dir nun zum Beispiel so:

Ein **Affe** steht auf der Wiese mit einem **Schwan** auf der Schulter, da kommt ein **Bär** hinzu, dem ebenfalls ein **Schwan** auf der Schulter hockt. Neben den beiden fließt ein Bach, über dem **ein Paar Skier** liegt. Auf der anderen Seite des Bachs steht ein **Chamäleon**, und auch bei ihm sitzt ein **Schwan** auf der Schulter.

Auch in Chemie wirst du häufig auf Formeln treffen, wenn du sie nicht schon kennen gelernt hast. Natürlich lassen sich diese genauso gut mit einer Kombination aus Bildern und Zahlensymbolen merken. Für das Gleichheitszeichen nehmen wir wieder das Bild vom Bach, lassen die Skier jedoch weg (die bleiben in der Mathematik).

Nehmen wir als Beispiel einmal die Formel für Distickstoffoxid (das ist übrigens Lachgas). Hier wollen wir uns sowohl die Zusammensetzung **N₂O** als auch die Bezeichnung **Distickstoffoxid** merken. Diesmal haben wir keine Hochzahl wie bei den mathematischen Formeln, sondern eine tiefgestellte. Also stellen wir uns vor, wie der Schwan nicht auf der Schulter des Symboltieres sitzt, sondern stattdessen auf dem Fuß (wie wäre es, wenn der Schwan den Fuß sogar noch anknabbert?). Denken wir uns für die Formel also folgende Geschichte:

An einem Bach steht ein Nashorn (**N**), an dessen Fuß ein Schwan (**2**) knabbert. Neben den beiden steht ein Ochse (**O**).

Auf der anderen Seite des Baches steht eine riesengroße **Di**stel, die gerade versucht, einen Mann zu er**stick**en, indem sie ihm einen dicken Ballen **Stoff** um den Kopf wickelt. Entsetzt kommt ein **Och**se hinzugerannt, der vor Aufregung und Hitze gl**üht**.

Du könntest die Lachgasformel sogar noch fortsetzen, sodass hinter dem glühenden Ochsen nochmals ein Bach kommt, an dessen anderem Ufer eine Gaswolke aus der Erde tritt, was mehrere Menschen zum Lachen bringt (= Lachgas). Dann hast du die Verknüpfung von Formel, Fachausdruck und deutscher Bezeichnung.

Nehmen wir als letztes Beispiel noch eine längere Formel: C_6H_5OH = **Phenol** (Carbolsäure). Wenn wir uns nun die Formel, den Fachausdruck und die deutsche Bezeichnung in einer Geschichte merken wollen, könnte das zum Beispiel so aussehen:

Ein **C**hamäleon, an dessen Fuß ein **Würfel** (6) hängt, steht neben einem **H**asen, den eine **Hand** (5) am Fuß packt. Neben den beiden stehen ein **Ochse** und noch ein **Hase**. Auf der anderen Seite des Baches steht ein (Fußball)-**Fan** mit einer **O**live in der Hand (= Phenol). Hinter ihnen fließt ein weiterer Bach entlang. An dessen anderem Ufer steht ein **Karren**, auf dem ein **B**är sitzt mit einer **O**live in der Hand. Als er aber hineinbeißt, schmeckt sie plötzlich nach Zitrone und er schaut ganz **sauer**.

Falls dein Schweinehund jetzt lacht, liegt das übrigens nicht am Lachgas.

Test: **Bist du konzentriert?**

Konzentration ist das A und O beim Lernen. Mit diesem kleinen Test kannst du herausfinden, wie gut du dich konzentrieren kannst und wo du dich womöglich zu schnell ablenken lässt.

Dazu brauchst du

- einen Stift,
- eine Uhr mit Sekundenzeiger und natürlich
- deinen Kopf.

Für jede Aufgabe gibt es eine Zeitvorgabe, die du beachten solltest. Gleichzeitig die Aufgaben zu lösen und die Uhr im Auge zu behalten, kann alleine etwas schwierig werden. Falls deine Uhr keine Stopp- oder Weckfunktion hat, dann bitte doch eine Freundin, einen Freund oder ein Familienmitglied, die Uhr für dich im Blick zu behalten. Zwischen den einzelnen Aufgaben kannst du auch ruhig mal kurze Pausen einlegen und dich entspannen, wenn du magst. Lösungen und Auswertungen für den Test findest du am Ende des Buches. Los geht's!

1. Wer grinst denn da?

Rechts siehst du zwei Gesichter. Beide kommen im Feld unten mehrfach vor. Markiere sie dort mit einem Kreis. Du hast dafür 45 Sekunden Zeit.

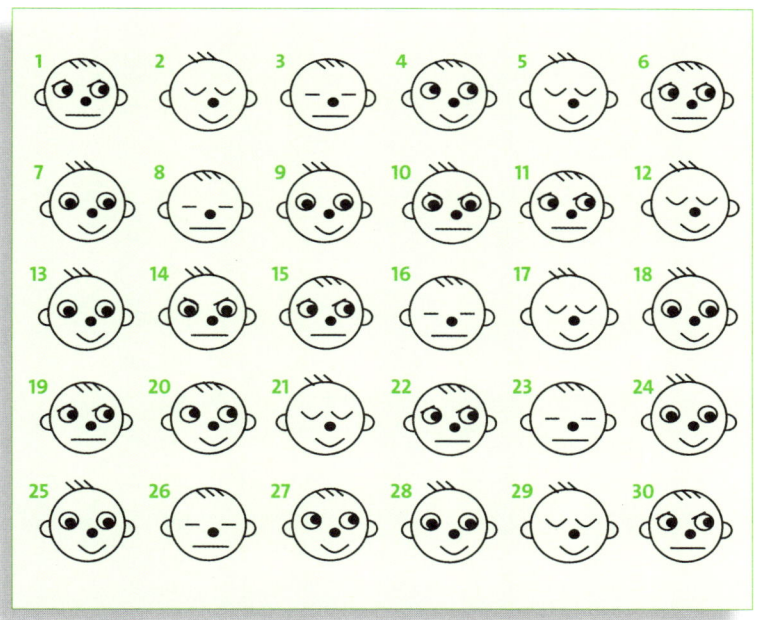

2. Knack den Code

Auf der nächsten Seite siehst du eine Reihe von Codes aus Zahlen und Buchstaben. Beim Abschreiben dieser Codes haben sich in der rechten Spalte Fehler eingeschlichen. Wie viele davon kannst du in 60 Sekunden finden?

1.	R 3984-F	1.	R 39844-F
2.	R 4009-F30U	2.	R 4099-F30U
3.	R 6008-K10U	3.	R 6008-K100U
4.	R 0980-K10U	4.	R 0680-K10U
5.	R 3050-K10U	5.	R 305-K10U
6.	R 3939-B20D	6.	R 3939-R20D
7.	R 9790-K40U	7.	8 9790-K40U
8.	R 3355-K80U	8.	R 3355-K80O
9.	R 3040-K30D	9.	R 3040-K30D
10.	R 1080-B	10.	R 1080-P
11.	R 4005-K70U	11.	R 4006-K70U
12.	R 6030-K90U	12.	R 6030-K09U
13.	R 0808-K10U	13.	R 0908-K10U
14.	R 2010-K40G	14.	R 2010-K50U
15.	R 0607-K50G	15.	R 0607-K50Y
16.	R 6688-K70G	16.	R 6668-K70G
17.	R 6080-G30S	17.	R 6080-R30S
18.	R 2007-G60S	18.	R 20007-G60S
19.	R 4030-G70S	19.	R 40-30-G70S
20.	R 5060-G80S	20.	R 5060-G86S

3. Ab die Post

Auch beim Abschreiben der Adressen aus der linken Spalte haben sich wieder einige Fehler eingeschlichen. Schau dir die rechte Spalte gut an. Wie viele Fehler findest du? Du hast 90 Sekunden Zeit.

F. Benedict	F. Benedikt
Hofgasse 1	Hofgasse 1
09306 Thalheim	09306 Thalheim
03721 / 678905	03721 / 878905
Annika Mann	Anika Mann
Unter der Weide 64	Unter den Weide 64
82481 Mittenwald	82481 Mittenwald
08823 / 7632	08823 / 7632
Hans-Peter Langenbach	Hans Peter Langenbach
Beethovenstraße 24	Bethofenstraße 24
89073 Ulm	98073 Ulm
0731 / 567480	0731 / 567480
Prof. Dr. H. Uhlig	Prof. Dr. H. Ulig
Am Kleinen Tor 132	Am Kleinen Tor 123
22393 Hamburg	22393 Hamburg
040 / 20233451	040 / 20233451
Fa. Gabler & Söhne GmbH	Fa. Gabler & Söhne GmbH
Igelberg 27	Igelberg 27
92353 Postbauer-Heng	92353 Postbauer-Heng
09188 / 6140	09188 / 6140
Gaststätte »Zum Goldenen Roß«	Gaststätte »Zum Goldenen Ross«
An der Eiche 2	Auf der Eiche 2
14776 Brandenburg a. d. H.	14778 Brandenburg a. d. H.
03381 / 557193	0381 / 557193
Peter Krumbach	Peter Krumbach
Kieler Landstraße 147a	Kieler Landstraße 147a
26725 Emden	26725 Emden
04921 / 397880	04921 / 39780
Ariane Sommerfelt	Ariane Sommerfeldt
Kastanienallee 33	Kasanienallee 33
39140 Magdeburg	39140 Magdeburg
0391 / 4455667	0391 / 4545667
Markus Hoppe	Markus Hope
Rathausstraße 13	Rathaustraße 13
57080 Siegen	57080 Siegen
0271 / 5050908	0271 / 5050908

4. Doppelgänger

In dem Kasten sind Buchstaben und Zahlen verstreut. Einige davon kommen doppelt vor. Suche in 60 Sekunden so viele Paare, wie du finden kannst. Beachte dabei auch die Schreibweise: Groß- und Kleinbuchstaben werden unterschieden (**M** und **m** wären also zum Beispiel kein Paar).

P	T	6	i	U	k	56	eu	Q	b
z	14	F	12	Ä	j	X	3	s	7
Y	c	au	2	H	v	d	g	au	P
y	ll	R	M	ll	8	ü	T	ö	29
Q	4	d	23	r	7	W	J	V	5
2	a	ei	E	n	q	14	Z	9	Ä

Lösungen

Auf den folgenden Seiten findest du die Lösungen zu den Aufgaben. Hier kannst du nachschauen, wie viele Punkte du bei den einzelnen Aufgaben erreicht hast. Zum Schluss rechne alle Punkte zusammen und schau in der Auswertung auf Seite 145 nach. Dort erfährst du, wie hoch dein persönliches Konzentrationslevel ist.

1. Wer grinst denn da?

Die Gesichter **4**, **10**, **14**, **20** und **27** sind doppelt. Für jedes richtige, das du gefunden hast, schreibe dir vier Punkte auf. Hast du ein falsches eingekreist, ziehe zwei Punkte ab.

2. Knack den Code

Hier siehst du die Fehler aus der rechten Spalte grün markiert. Für jeden Fehler, den du entdeckt hast, schreibst du dir einen Punkt auf.

1.	R 3984**4**-F	12.	R 6030-K**09**U
2.	R 40**9**9-F30U	13.	R **0**908-K10U
3.	R 6008-K10**0**U	14.	R 2010-K**50U**
4.	R 0**6**80-K10U	15.	R 0607-K50**Y**
5.	R 305-K10U	16.	R 66**6**8-K70G
6.	R 3939-**R**20D	17.	R 6080-**R**30S
7.	**8** 9790-K40U	18.	R 200**0**7-K60U
8.	R 3355-K80**O**	19.	R 40-30-G60S
10.	R 1080-**P**	20.	R 5060-G8**6**S
11.	R 400**6**-K70U		

3. Ab die Post

Die Fehler in den Adressen findest du auf der nächsten Seite wieder grün markiert. Schreibe dir für jeden gefundenen Fehler einen Punkt auf.

F. Benedikt
03721/878905

Anika Mann
Unter den Weide 64

Hans-Peter Langenbach
Bethofenstraße 24
98073 Ulm

Prof. Dr. H. Ulig
Am Kleinen Tor 123

Gaststätte »Zum Goldenen Ross«
Auf der Eiche 2

14778 Brandenburg a. d. H.
0381/557193

04921/39780

Ariane Sommerfeldt
Kasanienallee 33
0391/4545667

Markus Hope
Rathausstraße 13

4. Doppelgänger

Im Kasten sind jetzt nur die Paare zu sehen. Vergleiche den Kasten mit deiner Lösung und schreibe dir für jedes Paar, das du richtig gefunden hast, zwei Punkte auf. Hast du ein falsches Kästchen angekreuzt, gibt's zwei Punkte Abzug.

Punkte insgesamt:

(20 maximal)

P	T						Q	
	14			Ä				7
		au	2			d	au	P
	II			II		T		
Q		d			7			
2						14		Ä

Deine Gesamtpunkt-
zahl beträgt:

Auswertung

Bis 24 Punkte: Für den Anfang schon mal nicht schlecht. Auf jeden Fall hat dein innerer Schweinehund bei dem Test kräftig mitgemacht und dich ein paarmal so richtig gestört. Vielleicht lief auch der Computer nebenbei oder der Fernseher? Aber das ist kein Beinbruch: Mit ein paar einfachen Tricks kannst du dein Ergebnis sehr schnell verbessern.

25 bis 59 Punkte: Gratulation, du liegst im oberen Tabellenfeld! Ablenkungen haben bei dir keine große Chance – es sei denn, dein Schweinehund verpackt sie schön in Glanzpapier und mit einer großen roten Schleife. Einfacher Tipp in solchen Fällen: Das vielversprechende »Paket« mit der Ablenkung beiseitestellen und erst auspacken, wenn die Arbeit erledigt ist.

Mehr als 60 Punkte: Ein Platz auf dem Siegertreppchen – hervorragend! Du bist schon richtiger Konzentrationsprofi. Wenn's manchmal trotzdem etwas länger mit den Hausaufgaben dauert, liegt es wahrscheinlich nur an Kleinigkeiten: ein Telefonanruf oder das Küchenradio – also Dinge, die sich leicht abstellen lassen.

Memory-Check: Wie gut ist dein Gedächtnis?

Auch für diesen Test brauchst du wieder einen Stift und eine Uhr mit Sekundenzeiger, mit der du die Wartezeit kontrollierst. Außerdem brauchst du ein leeres Blatt, mit dem du die Bilder und Symbole, die du dir gleich merken sollst, abdecken kannst – am besten in Größe Din- A4.

Bei der Lösung der folgenden Aufgaben können dir die Gedächtnistechniken aus diesem Buch helfen. Wenn du das Buch bereits gelesen und die Merktechniken schon geübt hast, dann kannst du sie hier gleich anwenden. Falls du zu denen gehörst, die erst mal neugierig ans Ende blättern oder als erstes alle Tests machen wollen: nur zu. In diesem Fall kopierst du dir am besten die Seiten mit dem Memory-Check. Mach dann den Memory-Check, bevor du das Buch liest, und notiere dir dein Ergebnis. Dann schau dir das Kapitel »Gedächtnistechnik – Schnellstraße ins Hirn« und die Merktechniken im Anhang an und mach dich mit den Methoden dort vertraut. Nun versuche den Memory-Check noch einmal (zum Beispiel am nächsten Tag). Merkst du einen Unterschied?

1. Aufgemerkt!

Unten siehst du einen Kasten mit 16 Feldern. Darin sind 16 ganz unterschiedliche Gegenstände abgebildet. Kannst du alle eindeutig erkennen? Sieh sie dir gut an und versuche, dir davon so viele wie möglich einzuprägen. Du hast dafür 60 Sekunden Zeit.

Decke dann die Bilder ab und warte ungefähr 30 Sekunden, bevor du auf die nächste Seite umblätterst.

Wie viele von den Gegenständen fallen dir noch ein? Schreib oder mal sie in den Kasten. Die Reihenfolge ist dabei nicht wichtig.

Nun zähle nach, an wie viele Gegenstände du dich erinnern konntest, und trage die Punktzahl ein.

Punkte insgesamt:

(16 maximal)

2. Wo war noch gleich …?

Achtung, jetzt wird's ein bisschen schwieriger. Vor dir siehst du wieder einen Kasten; diesmal aber nicht mit Gegenständen, sondern mit unterschiedlichen Symbolen. Einige dieser Symbole kommen mehrmals vor, andere nur ein- oder zweimal. Versuche, dir so viele Symbole wie möglich und zwar diesmal auch mit ihrer genauen Position einzuprägen. Du hast 90 Sekunden Zeit.

Warte wieder 30 Sekunden lang. An wie viele Symbole kannst du dich jetzt erinnern? Weißt du noch, an welcher Stelle sie waren? Male oder schreibe sie in den Kasten.

Für jedes richtige Symbol an der richtigen Stelle bekommst du einen Punkt.

Punkte insgesamt:

(16 maximal)

3. Buchstabensalat ...

Bei dieser Aufgabe geht es nun nicht mehr um Bilder, sondern um Buchstaben.

Beginne bei der ersten Buchstabenreihe, sage sie dreimal laut vor dich hin und decke sie dann ab. Nun warte 30 Sekunden, dann schreibe die Buchstaben in die richtige Zeile. Dann kommt die nächsten Buchstabenreihe dran.

VYMUJB ....

ZIKGOW ....

UAPBNZ ....

CQIÄUT ....

DSLHWEFP ....

VRUGWSAD ....

ÄHJOXCIT ....

NVMLCEKF ....

PZIGMCZUBA ....

CRTEKQRHWI ....

Schreibe dir einen Punkt für jede komplett richtige Buchstabenreihe auf.

Punkte insgesamt:

(10 maximal)

4. ... und Zahlensoße

Nimm wieder das leere Blatt zur Hand und beginne bei der ersten Zahlenreihe. Sage sie dreimal laut vor dich hin und decke sie dann ab. Warte wieder 30 Sekunden, schreibe die Zahlen in die richtige Zeile und so weiter.

549163 ....

306754 ....

471628 ....

935207 ....

81952170 ....

29378206 ....

65492645 ....

15691738 ....

2385093617 ....

4679240389 ....

Für jede komplett richtige Zahlenreihe gibt's wieder einen Punkt.

Punkte insgesamt:

(10 maximal)

5. Gewusst wo

Hier geht es nun darum, dir Informationen einzuprägen, um damit anschließend Fragen zu beantworten. Unten siehst du vier verschiedene Wegweiser mit Ortsnamen und Entfernungen in Kilometern. Sieh dir die Wegweiser genau an. Von den vier Ortsschildern zeigen zwei nach Westen und zwei nach Osten. Präge dir die Ortsnamen, die Entfernungen und die Richtung, in der die Orte liegen, 90 Sekunden lang ein.

Decke dann die Wegweiser zu, warte wieder 30 Sekunden und blättere auf die nächste Seite um.

Nun lies dir diese Aussagen durch und kreuze an: richtig oder falsch?

Trifft zu oder nicht?		Kreuze an:	
		Richtig	Falsch
1.	Nach Unterburgdorf ist es nur halb so weit wie nach Hohenwalde.		
2.	Nach Fleißheim ist es am weitesten.		
3.	Kleineisenberg liegt Richtung Osten und ist näher als Hohenwalde.		
4.	Wenn ich nach Hohenwald möchte, muss ich nach Westen fahren.		

Blättere noch einmal zurück und überprüfe deine Antworten. Für jede richtige Antwort kriegst du drei Punkte.

Punkte insgesamt:

(12 maximal)

Jetzt zähle die Punkte der einzelnen Aufgaben zusammen.

Deine Gesamtpunktzahl beträgt:

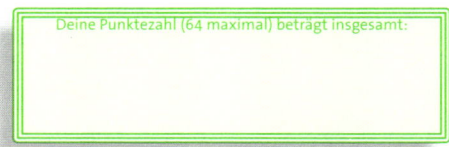

Deine Punktezahl (64 maximal) beträgt insgesamt:

Auswertung

Bis 29 Punkte: Das ist schon ganz in Ordnung – möglicherweise hat dein innerer Schweinehund aber während des Tests einen Teil deines Gedächtnisses in Beschlag genommen, sodass du manche Dinge einfach sofort wieder vergessen hast. Das macht aber nichts – das Gedächtnis lässt sich trainieren, ein paar einfache Techniken dazu erfährst du in diesem Buch.

30 bis 50 Punkte: Prima! Das meiste von dem, was du dir merken willst, bleibt auch tatsächlich in deinem Gedächtnis haften. Es gibt aber noch eine ganze Menge unbelegte Speicherplätze, die du nutzen kannst. Mit den Merktechniken in diesem Buch bekommst du leichten Zugang zu diesem bisher ungenutzten Speicher.

Mehr als 51 Punkte: Spitze – dein Gedächtnis funktioniert bestens, du vergisst ja wirklich beinahe nichts. Wenn du magst, kannst du jetzt noch ein bisschen Feinschliff betreiben und den einen oder anderen Trick lernen.

Zum Stöbern und Weiterlesen

Birkenbihl, Vera F.: *Stroh im Kopf? Vom Gehirn-Besitzer zum Gehirn-Benutzer*. Offenbach 2009.

Geisselhart, Oliver: *Notizbuch im Kopf*. München 2009.

Kolb, Klaus; Miltner, Frank: *Gedächtnis-Training*. München 1999.

Staub, Gregor: *Mega Memory*. München 2006.

Stenger, Christiane: *Das Gummibärchen im Spinat. Gedächtnistraining für Kinder*. Frankfurt/Main 2007.

Stenger, Christiane: *Warum fällt das Schaf vom Baum? Gedächtnistraining mit der Jugendweltmeisterin*. Frankfurt/Main 2004.

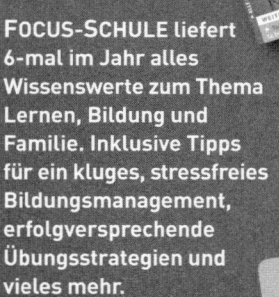

Marco Freiherr von Münchhausen,
Noreen von Münchhausen
**Locker bleiben mit dem inneren
Schweinehund**
Schule, Eltern, Alltag – alles im Griff

2009. 160 Seiten, gebunden
ISBN 978-3-593-38842-7

Motivier das Tier

Da hast du dir fest vorgenommen, in Zukunft mehr Klavier
zu üben, das Handy mal auszulassen oder endlich deinen
Schwarm aus der Parallelklasse anzusprechen – und am Ende
haben sich doch wieder alle guten Vorsätze in Luft aufgelöst
und der Stress ist größer als je zuvor. Wieso ist es eigentlich so
schwer, einen Vorsatz auch wirklich in die Tat umzusetzen?
Es ist der innere Schweinehund, der uns daran hindert.
Marco und Noreen von Münchhausen haben sich intensiv mit
ihm beschäftigt und zeigen in diesem Buch, warum dieser
kleine Saboteur uns so oft das Leben schwer macht und wie wir
seine Tricks durchschauen können.

**Mehr Informationen unter
www.campus.de**

campus
Frankfurt · New York

oungworld-Institut für Begabungsanalyse
psychologisch-pädagogische Beratung seit 1998

Jedes Kind hat Talent!   Erst mal schau'n, was zu mir passt!

*Ganzheitliche, systemische Begabungs-
und Talentanalyse für Kinder* von 5 bis 13
Jahren:
Begabungs-Check, Dauer ca. sechs Stunden, 490,– €, ausführliches Gutachten.

- Welche Talente hat mein Kind?.
- Wie kann ich mein Kind besten fördern?
- Was muss ich bei der Schul- und Fächer-
  wahl beachten?

Das youngworld-Institut ist ständiger
Partner der Fachzeitschrift Focus-Schule
für Testentwicklung (seit 2001).

Berufs- und Studienwahl:

- *Karriere-Check*, Dauer ca. fünf Stunden,
  490,– €, ausführliches Gutachten.
- *Berufs-Check*, Fragebogentest, 21,– €.
- *Kompetenz-Check*, Leistungs- und Per-
  sönlichkeitstest, 23,– €.

Hier arbeiten wir seit vielen Jahren mit
Messeveranstaltern wie der Einstieg
GmbH in Köln oder überregionalen Medien
wie der Frankfurter Rundschau und der
Berliner Morgenpost zusammen, aber auch
mit Stiftungen, Arbeitsagentur, IHK, HWK.

Weitere Leistungen:

Unternehmen – Auswahl von Auszubildenden: Kombination aus fundierter Testentwicklung
und modernster Personal-Software. Einstellungstests, (Online-)Vorauswahltests, Bewerber-
management. Kundenbeispiele: REWE-Group, Rossmann, Peek & Cloppenburg, Hauptver-
band Farbe Gestaltung Bautenschutz.
Hochschulen – Auswahl von Studierenden: Studierfähigkeitstests, Auswahlverfahren. Beispie
Studiengang Veterinärmedizin, Auswahl von Studierenden (FU Berlin, Uni Hannover).
Bildungsträger – Kompetenz-Check: Online-Kompetenz-Check nach den Kriterien des Ausbil
dungspaktes. Beispiele: Einsatz beim Projekt »Talentschmiede Baden-Württemberg«, finan-
ziert durch Wirtschaftsministerium und Arbeitsagentur, Einsatz bei IHK und HWK Nürnberg
Mittelfranken in Zusammenarbeit mit der Nürnberger Zeitung.

Das dürfen Sie erwarten:

- ein eingespieltes Team aus Testpsychologen, Pädagogen und Softwareentwicklern.
- hervorragende Referenzen bei Kooperationspartnern, Unternehmen, Ministerien, IHK,
  HWK, Hochschulen, Bildungsträgern, Eltern, Lehrern und Schülern.
- höchste Qualität, Aktualität und Individualität.

Nutzen Sie unsere Kompetenz für Ihr Kind:

- Das youngworld-Institut entwickelt hochwertige
  Testverfahren zur Orientierung über persönliche
  und berufliche Entwicklungsmöglichkeiten und
  zur Auswahl von Auszubildenden, Studierenden
  und Mitarbeitern.
- Die Mitarbeiter (Pädagogen, Psychologen, Sozio-
  logen) des Teams erstellen neue Testkonzepte,
  erschließen und bearbeiten pädagogische und
  psychologische Themen, und beraten in Fragen
  der Schulwahl, Talentförderung, Berufs- und
  Studienwahl, Auswahl von Auszubildenden und
  Studierenden.

**youngworld-Institut
für Begabungsanalyse**
Frundsbergstraße 3
80634 München

Telefon: 089 / 18 97 02 17
Fax: 08333 / 93 58 12
eMail: kontakt@youngworld.de